GUIAR A LOS NIÑOS EN LA ERA DIGITAL

Devorah Heitner

GUIAR
~
A LOS
NIÑOS
EN LA
ERA DIGITAL

Traducción de
Sonia Verjovsky

PAIDÓS

Diseño de portada: Hernán García Crespo / cajatipografica
Ilustraciones de portada: Yolanda Arango Orozco / cajatipografica

Título original: Screenwise: Helping Kids Thrive (and Survive) in Their Digital World

© 2016, Devorah Heitner

Traducción autorizada del idioma inglés, edición publicada por primera vez por Bibliomotion, Inc. y ahora publicada por Routledge, miembro de Taylor & Francis Group LLC

Traducido por: Sonia Verjovsky

Derechos reservados

© 2019, Ediciones Culturales Paidós, S.A. de C.V.
Bajo el sello editorial PAIDÓS M.R.
Avenida Presidente Masarik núm. 111, Piso 2
Colonia Polanco V Sección
Delegación Miguel Hidalgo
C.P. 11560, Ciudad de México
www.planetadelibros.com.mx
www.paidos.com.mx

Primera edición impresa en México: mayo de 2019
ISBN: 978-607-747-693-1

Impreso en los talleres de EDAMSA Impresiones, S.A. de C.V.
Av. Hidalgo núm. 111, Col. Fracc. San Nicolás Tolentino, Ciudad de México
Impreso en México – *Printed in Mexico*

Para Dan y Harold

ÍNDICE

INTRODUCCIÓN

"Me abruma toda la tecnología que hay en la vida de mi hija de sexto de primaria. Está accediendo a herramientas en línea y a redes sociales que no me son familiares, y debo orientarla más en su vida digital".

"¿Cómo podemos limitar el tiempo en pantalla a las horas sugeridas si los niños ya están usando esos dispositivos en la escuela por quién sabe cuánto tiempo? Luego quieren llegar a casa a relajarse un poco y, posiblemente, ver un poco de tele... pero tienen que volver a usar algún dispositivo para hacer las tareas. Limitar el tiempo de pantalla no parece manejable ni realista".

"Cuando era niña, la televisión dejaba de transmitir programas a cierta ahora. Eso te obligaba a dejar de verla. A menudo me descubro navegando por Facebook, mirando videos estúpidos y cosas por el estilo. ¿Mi vida se transformó en esto? ¿Qué más podemos hacer para retomar nuestras vidas y ayudar a nuestros hijos a hacer lo mismo?".

Cuando doy talleres de ciudadanía digital para padres de familia, oigo preocupaciones como estas en cada comunidad. ¿Quiénes son esos *nativos digitales* que estamos criando? ¿Y en qué es distinto su mundo al que nosotros conocimos al crecer?

No hay consenso sobre la crianza en la era digital, y puede ser difícil hablar de estas cuestiones sin sentirse juzgado. Desarrollé el recurso Raising Digital Natives [La Crianza de los Nativos Digitales] para ayudar a padres y educadores a enfrentarse a la confusión que a menudo sienten ante la forma en que los chicos de hoy procesan la información. En 2001 el autor Marc Prensky acuñó el término *nativos digitales* para describir a los jóvenes que crecen rodeados de tecnología digital. Esta generación está acostumbrada a "recibir la información con mucha velocidad. Les gustan los procesos paralelos y las tareas múltiples. Prefieren las gráficas *antes* que el texto, y no al revés… Les fascina la gratificación instantánea y los premios frecuentes. Prefieren los juegos al trabajo 'serio'".[1]

Algunos critican que la gente que creció sin estas herramientas tecnológicas sea calificada como *inmigrantes digitales* y que a los que sí crecieron con ellas se los califique como *nativos digitales*, pues consideran que esta es una visión esencialista. Algunos investigadores han señalado que los nativos digitales también pueden ser "ingenuos" digitales que no tienen la menor idea sobre la calidad de la información que consumen ni sobre cómo sus datos están siendo explotados.[2]

Este libro está diseñado para ayudar a los padres a entender que crecer en plena era digital presenta nuevos retos para los chicos, quienes de por sí están aprendiendo a administrar su tiempo y a lidiar con las relaciones, y que nosotros los adultos podemos basarnos en la sabiduría de nuestras propias vivencias para orientarlos con destreza tecnológica. En ese sentido, cuando uso el término *nativo digital*, me refiero a la generación *touchscreen*, la generación con pantallas digitales que creció creando, compartiendo y consumiendo contenido digital. Los chicos de hoy son parte de la generación con "contenidos bajo demanda", en donde todos son productores. ¿Cómo podemos ayudar a nuestros *nativos digitales* a desarrollar una inteligencia digital[3] en este nuevo mundo?

---

[1] Marc Prensky, "Digital natives, digital immigrants (part 1)", *On the Horizon,* vol. 5 núm. 9, 1-6, octubre de 2001.

[2] Eszter Hargittai, "Digital na(t)ives? Variation in internet skills and uses among members of the 'net generation'", *Sociological Inquiry,* vol. 80, núm. 1, 92-113, febrero de 2010.

[3] El título original en inglés es un juego de palabras: la traducción literal de *screen-wise* (*screen* = pantalla; *wise* = sabio) tiene que ver con un uso inteligente de las pantallas; pero, al mismo tiempo, remite al concepto *streetwise* (tener "calle", ser alguien avispado o espabilado) y al conocimiento que se adquiere por medio de la práctica y del contacto con otros. Aquí *screenwise* se traduce como *inteligencia digital*: una inteligencia o habilidad aplicada al uso de las redes sociales y al mundo digital en general. [N. de la T.].

No queremos confundir la aptitud digital con la buena ciudadanía digital. Como tus hijos están al día con las nuevas tecnologías y plataformas, es posible que consideres que ya las dominan, pero es peligroso que pienses así. Podrán adaptarse rápidamente a las aplicaciones y plataformas en línea, pero necesitan tu mentoría.

Las oportunidades para la generación nacida con pantallas táctiles son increíbles: jamás ha sido más fácil o más gratificante colaborar, crear y compartir. Aunque la brecha digital sigue siendo muy real (incluso en los países ricos no todos los niños tienen conexión inalámbrica o acceso a alguna tableta), los padres y educadores están buscando la manera de ayudar a la multitud de niños que sí usan dispositivos digitales para que aprendan a lidiar con las poderosas capacidades que entrañan los teléfonos inteligentes, tabletas, juegos interactivos y demás aplicaciones, así como las redes sociales.

En países como Estados Unidos, Canadá y el Reino Unido, entre muchos otros, el mercado de tabletas se está saturando, y hasta los niños más pequeños las están usando. Según las más recientes investigaciones de Dubit Worldwide, los niños de 3 o 4 años pueden elegir sus propias aplicaciones, y a los 5 años de edad, muchos ya saben cómo hacer videos y tomar fotos. La cantidad de niños que pueden producir contenidos (además de consumirlos) ha aumentado drásticamente. Este es un cambio importante: una cosa es operar el control remoto y escoger tus propios programas de televisión o contenidos en línea y otra es crear tu propio contenido y compartirlo.

¿Por qué es tan importante guiar a nuestros nativos digitales por el cambiante mundo de la tecnología? ¿Qué hay en juego?

- **Las relaciones.** A medida que aumentan las relaciones interpersonales en el mundo digital, cabe preguntarse: ¿Tu nativo digital es experto, no tiene la menor idea... o se ubica en algún lugar entre estos dos extremos? Es necesario que la habilidad de llevar las relaciones por medio de la interacción digital se construya sobre un cimiento de valores que tú puedes modelar y enseñar.

- **La reputación.** Con cada post, cada tuit o cada vez que comparte algo, tu nativo digital está creando un personaje, incluso mientras experimenta con su propia identidad. Es como subirse a la cuerda floja y, seguramente, tendrá sus traspiés. Podrá sobrevivir a esos tropiezos, pero puede ser difícil y agotador repararlos.
- **La gestión del tiempo.** El mundo digital es infinito. Tomar las decisiones correctas sobre cómo y dónde pasar el tiempo es más difícil que nunca. Si no hay mentoría y orientación, las distracciones los pueden meter en un laberinto que podría despojarlos de una gran parte de su preciosa infancia.

El paisaje ha cambiado y las reglas se transforman rápidamente. Nuestros niños necesitan ayuda, aunque ellos no lo crean. Y aunque *tú* no lo creas. Nos toca a nosotros como padres (y maestros) ayudar a nuestros *nativos digitales* a desarrollar las habilidades necesarias para adquirir inteligencia digital. Sin estas habilidades, tendrán dificultades en el mundo de hoy… y en el de mañana.

La inteligencia digital no es un asunto operativo ni funcional, ni consiste en saber usar el teclado o en programar: con suficiente práctica, cualquiera puede aprender los aspectos tecnológicos del uso de las aplicaciones y dispositivos. La verdadera inteligencia digital que queremos para nuestros *nativos digitales* tiene que ver con las relaciones, con los tipos de conexión que podemos establecer unos con otros. Tiene que ver con confiar y mantener el equilibrio.

Los matices importan. Estas habilidades son complejas. Un estudio llevado a cabo por la investigadora Alexandra Samuel reveló que los niños que eran mentorizados por sus padres se metían en menos problemas en su mundo digital.[4] Noto con satisfacción que las habilidades digitales delineadas por Samuel están en armonía con mis propias interacciones semanales con distintas familias. Las habilidades centrales que su estudio identifica incluyen "compensar la ausencia de

---

4 Alexandra Samuel, "Parents: Reject technology shame", *Atlantic*, 4 de noviembre de 2015, http://www.theatlantic.com/technology/archive/2015/11/whyparent sshouldnt-feel-technology-shame/414163/

claves visuales en las comunicaciones en línea", "entender las normas y las etiquetas de distintas plataformas" y "equilibrar la responsabilidad con la seguridad".[5] Estas son habilidades complejas y críticas, y muchos adultos todavía las están desarrollando. Es toda una empresa y toma tiempo enseñarles a los niños cómo leer entre líneas en cierto mensaje; cómo responder sin reaccionar desproporcionadamente; cómo estar al pendiente de sus propias interpretaciones, y cómo interpretar los contextos para apoyar su comprensión de la responsabilidad, la privacidad y la seguridad en un mundo vertiginoso.

Tanto las infraestructuras como los dispositivos y las aplicaciones están cambiando todo el tiempo y seguirán evolucionando. Sin embargo, fomentar habilidades para gestionar el tiempo y las relaciones será de ayuda para tus hijos, incluso cuando una aplicación novedosísima y maravillosa se esté esfumando y algo nuevo tome su lugar.

Este libro te ayudará a encontrar maneras de hablar con tus hijos, de ser su mentor y de apoyarlos mientras enfrentar los retos de la vida en línea. Y también podría ayudarte a estar al pendiente de tu propia relación con la tecnología… y recordar que tú eres el modelo de inteligencia digital más importante para tus *nativos digitales*.

---

[5] *Idem.*

UNO

LA CRIANZA DE LOS NATIVOS DIGITALES

¿Sientes que el mundo digital invadió tu hogar? ¿Es el huésped inesperado que llegó a cenar? ¿Quisieras que las cosas volvieran a la "normalidad"? ¿Te sientes abrumada por las exigencias digitales de tu propia vida y te cuesta trabajo recordar una existencia previa a los teléfonos inteligentes?

Hasta los padres que utilizan la tecnología todo el día en el trabajo (y para gestionar sus vidas personales) llegan a preocuparse por el efecto que está teniendo en su vida familiar. Añoran los días de los juegos de mesa y las casas de muñecas, cuando todo parecía más simple. Hasta la televisión, tan predominante en los hogares norteamericanos, parece fácil de manejar comparada con esto.

Primero se volvió esencial la computadora. No obstante, lo típico era ubicarla en un lugar central de la casa, para que al menos pudiéramos echarle un ojo a lo que hacían los niños. Las computadoras portátiles aportaron cierta movilidad, y los niños (y adolescentes) podían usarlas sin que los viéramos, por lo que se volvió más difícil estar al tanto de todo. Ahora muchos niños tienen teléfonos inteligentes, y eso quiere decir que llevan el internet con ellos todo el tiempo (con sus mejores y peores usos). Muchas escuelas ya les proporcionan a los estudiantes una tableta o laptop para usar en casa y en la escuela, y dejan en manos de los padres la tarea de descubrir cómo hacer que una tecnología tan extendida encaje en el panorama general de la crianza y la vida familiar. Hasta los padres que crecieron con bíperes y celulares descubren que las redes sociales y las nuevas modalidades de videojuegos están creando nuevos retos para la crianza.

¿Dónde empezamos a prepararnos para enfrentar estos desafíos? Observemos un momento tu casa para obtener un panorama general.

TECNOLOGÍA FAMILIAR: CURIOSIDAD, EMPATÍA Y CREATIVIDAD

Este libro tiene todo que ver con lograr que tu familia sea la fuente de la alfabetización tecnológica. Eso no quiere decir que tengas que ser un genio de la tecnología y dominar por completo todos los dispositivos y aplicaciones, sino que te empoderes como mentor. Comprenderás el potencial de las nuevas tecnologías... y los peligros. Entenderás y empatizarás con las experiencias sociales y emocionales de crecer conectado. También podrás tener conversaciones sinceras con otros padres sobre estos temas, que a la vez ayudarán a tu propia familia y que otros padres agradecerán. Así que ¡comencemos!

A veces tenemos que arrancar a la vida familiar de las garras ansiosas de la distracción para poder vivir una vida equilibrada en la era digital. En el caso de mi familia, soy la persona que más está distraída (y muchos padres encuentran que están en el mismo caso). Soy la fundadora y directora de Raising Digital Natives, un recurso para padres y escuelas. Postear en redes sociales, responder correos electrónicos, escribir artículos para compartir en mi blog y el resto de mi trabajo cotidiano fácilmente podrían tomarme noche y día. Ya sea que, como yo, dirijas tu propia empresa o que trabajes en una organización más grande, nunca ha sido más difícil marcar la raya entre la vida hogareña y la vida laboral. A diferencia de nuestros padres, nosotros estamos más accesibles para nuestros colegas y clientes, incluso cuando estamos con nuestros hijos. La oficina se puede poner en contacto con nosotros en donde sea. El impulso de revisar nuestro correo electrónico laboral temprano por la mañana o en la noche puede afectar el balance entre el trabajo y la vida familiar. Y, hay que admitirlo, a veces entrar a revisar el correo electrónico o la cuenta de Twitter puede parecer algo limpio y contenido comparado con otras realidades de la vida familiar, como la lucha de poder relacionada con picotear entre comidas, hacer las tareas o el fregadero lleno de trastos sucios.

La conectividad también puede beneficiar a la vida familiar, por supuesto. Por ejemplo, es fácil mantenerse conectado con la familia extendida. Pero la tecnología también nos separa. ¿Quién no se identifica con la frase "juntos pero solos", que usa la investigadora de tecnología Sherry Turkle para describir las interacciones que a veces tiene la familia?[1]

Las familias tenemos que pensar en lo que estamos compartiendo entre nosotros, y también en lo que compartimos sobre los demás. Para muchos de nosotros, el álbum familiar migró a las redes sociales, e incluso es raro que imprimamos fotos o las compartamos de cualquier otra forma. ¿Cuántas fotos de nuestros hijos deberíamos postear? ¿Alguna vez les hemos preguntado cómo se sienten respecto a lo que compartimos sobre ellos? Llegó la hora de sentir curiosidad por estos temas. Algunos padres comparten constantemente fotos e historias de sus hijos. Deberíamos considerar al público o, más bien, los múltiples públicos del mundo de hoy. Deberíamos pedirles permiso a nuestros hijos (¡en serio!). Más adelante profundizaré en la cuestión de que pedirles permiso a nuestros hijos puede prepararlos para que ellos mismos usen las redes sociales con inteligencia.

Los chicos de hoy usan la tecnología para crear medios, y no solo para consumirlos. Ver lo que ellos crean y comparten nos ofrece una ventana para asomarnos a su cultura y su mundo. Nuestra curiosidad nos puede llevar a aprender más sobre los mundos digitales de los chicos, a entender los placeres y obstáculos de sus interacciones cotidianas con los demás. La empatía nos puede guiar para apoyarlos si cometen errores, y para que aprendan a repararlos y a volverse resilientes frente a los retos constantes de la vida conectada. Este libro te ofrecerá algunas estrategias para acceder a la creatividad de tus hijos y también a la tuya, para que juntos puedan crear soluciones para algunos de los retos que enfrentamos al vivir vidas conectadas digitalmente.

---

[1] Sherry Turkle, *Alone Together: Why We Expect More from Technology and Less from Each Other*, Nueva York, Basic Books, 2012.

ASUNTOS DE CRIANZA

Consideremos el nuevo panorama de la crianza en la era de la conexión digital constante. En todo momento, nuestros chicos enfrentan muchas más decisiones sobre la tecnología y sus vidas digitales de las que enfrentamos nosotros al crecer con la televisión, el teléfono y, quizás, alguna computadora de escritorio.

Cuando escribí mis solicitudes de ingreso a la universidad en la AppleIIe de mi familia, era consciente de la maravilla de los procesadores de palabras (hacía los trabajos de la escuela en máquina de escribir), pero no tenía las distracciones del internet... solo la atracción de los amigos y quizá de algún libro o programa de televisión. Hoy, nuestros chicos tienen muchas distracciones potenciales que deben eludir al sentarse a trabajar. Casi todos ellos necesitan la ayuda y dirección de los adultos para aprender a navegar entre las tentadoras distracciones, y así concentrarse y terminar su trabajo.

El nuevo mundo social de tus hijos podría ser un reto para ti también. A menudo podría parecer que no puedes contar con tu propia experiencia como guía, porque *1)* sientes que el mundo de tus hijos te resulta desconocido y *2)* cambia tan rápidamente que cuesta trabajo mantenerse al día.

Podemos sentirnos juzgados por otros padres, no importa cuáles sean nuestras políticas sobre el tiempo de pantalla. Es tan variable la gama de métodos según cada familia que podríamos sentirnos juzgados en los dos sentidos: alguno de nuestros compañeros podría opinar que somos demasiado permisivos y otro podría considerarnos demasiado estrictos o que nos preocupamos de más. El temor al juicio puede impedir que hablemos abiertamente unos con otros, y eso nos priva de un recurso fundamental. Una de mis metas principales al escribir este libro y al dirigir programas de educación para padres es animarlos a discutir con más sinceridad cuáles son los placeres y retos de criar nativos digitales. Este libro te ayudará a entablar un diálogo con tus hijos, pero también con tu pareja u otras personas con quienes compartes la crianza, con cuidadores y otros padres en tu comunidad. Nadie está solo en esto: yo también estoy criando a un nativo digital, y aquí estoy contigo para tratar de desentrañar lo que eso implica.

Cuantas más conversaciones sinceras tengamos con otros padres en nuestros círculos, mejor preparados estaremos para satisfacer las necesidades de esta generación de niños que estamos criando. Esto es particularmente cierto si nuestro interés en la discusión viene desde un espacio de franqueza con la genuina intención de ayudar. El simple acto de romper el hielo diciéndole a otro padre: "A veces me abruma toda esta tecnología…". "¿Por dónde empiezo a poner las reglas?". "¿Ustedes cómo lo hacen?", podría ser una excelente invitación para una conversación sincera.

Otro temor que escucho con frecuencia es que nuestros hijos se sientan excluidos si los padres no nos mantenemos al día. Esto se muestra de dos maneras: conocer "lo último de la moda" y comprar tecnología. Si un compañero de clases de tercero de primaria tiene cierto dispositivo o aplicación, es posible que tu hijo sienta que también lo "necesita". Seguramente, recuerdas el mismo deseo de tener la lonchera o los tenis "correctos". La diferencia es que comprar un dispositivo para conectarse (como un teléfono inteligente, algún dispositivo "portable" o una tableta) es una decisión mucho mayor: les abre todo un mundo a tus hijos. Quieres estar seguro de que estén listos.

Si en tu comunidad existe la influencia generalizada de "lo último", necesitarás propósito y resolución para remar contra la corriente. En cualquier comunidad así, también hay personas que hacen fiestas de cumpleaños modestas (incluso sin regalos) y que de esta u otras maneras señalan que no compran tecnología ni para ellos ni para sus hijos para visibilizar su estatus: busca a esa gente. Discute con franqueza con tu hija de sexto grado por qué comprar el artefacto más novedoso no coincide con tus valores.

Aquí es donde puede entrar en juego la alfabetización financiera: lo más probable es que tus hijos de primaria o secundaria no tengan idea de cuánto cuestan ciertas cosas. Si pueden relacionar el precio de un artículo con su domingo o con lo que ganan por hora trabajando de niñeras, será mucho más fácil que entiendan por qué no sales corriendo a toda velocidad a comprárselo.

Y aunque un dispositivo esté al alcance del bolsillo de la familia, muchas veces no queremos que los hijos tengan acceso continuo a lo que ese dispositivo permite (conectarse al correo electrónico, navegar por internet). A cierta edad, cualquiera de las opciones —ya sea comprar el dispositivo o posponer su compra— puede implicar *mucho* trabajo. Si casi todos los compañeros de tu hijo tienen un dispositivo y le dan un uso social, las alternativas que buscas para él pueden ser molestas y consumir mucho tiempo (por ejemplo, pedir que otros chicos manden mensajes a *tu* teléfono para hacer planes con tu hijo). Pero conseguirle su propio dispositivo también implicará mucho trabajo, ya que lo más probable es que tengas constantes conversaciones sobre su mejor uso. No te ilusiones: toma mucho esfuerzo criar a un chico de secundaria en la era digital.

Otro temor que a menudo comparten conmigo los padres es que sus hijos crezcan demasiado rápido. Quizá prefieras que tu hijo no tome la vía rápida. Francamente, las redes sociales y el intercambio de mensajes pueden exponer a tus hijos a muchas influencias. Por otro lado, los menores (por ejemplo, los de 9 y 10 años) tienden a hacer cosas de "pequeños" en las computadoras y teléfonos, como vestir y desvestir muñecas con la última moda, o tomar fotos del "después" tras haber ido al baño. No podemos esperar una madurez consistente en la mayoría de los niños de 9 años, y cuando los padres y educadores se escandalizan por estos comportamientos (en especial el último), les pido que también tomen en cuenta la madurez que muestran cuando no están en línea. Los niños son niños: eso no lo cambia un dispositivo.

Mientras consideras trasladarte hacia un método más deliberado para guiar a tus hijos frente a la tecnología, concéntrate en modelar un uso consciente de esta, creando tiempos para estar desconectados y enseñándoles a tus hijos cómo reparar sus errores. Los padres nos enfocamos tanto en evitar las cosas malas que tememos que puedan suceder cuando nuestros hijos interactúan con compañeros por medio de un videojuego, de chats grupales o de las redes sociales, que a veces olvidamos enseñarles cómo resolver problemas. Y los problemas son inevitables. Muchos expertos en seguridad digital dicen que reparar un error digital es como tratar de volver a meter la pasta de dientes en el tubo… y, como seguramente sabrás después de haber sobrevivido a la etapa en que empezaban a dar sus primeros pasos, la pasta no volverá a meterse al tubo, ¡pero hay que limpiarla!

LO QUE SIENTEN LOS NIÑOS RESPECTO A LA FORMA EN QUE SUS PADRES USAN LA TECNOLOGÍA

No cabe duda de que la crianza es difícil. Pero el nuevo mundo también influye en la vida de los niños. Se me ocurrió que valdría la pena tomar un momento para mostrar otra perspectiva. A continuación, se presenta una serie de "Reglas para padres" escritas por niños de quinto grado que muestran lo que ellos sienten respecto a cómo *ustedes* usan la tecnología:

- No hables cuando manejes: detesto que mamá se ponga los audífonos y ni siquiera hable conmigo mientras volvemos a casa.
- No veas la tele con el volumen tan alto (y tan tarde). Me despierta.
- Detesto que mamá me pida que le haga el favor de enviar mensajes cuando está manejando.
- No hables por teléfono o mandes mensajes durante la hora de la cena o ratos sociales.
- No publiques fotos mías en Facebook sin mi permiso.
- Limita las conversaciones telefónicas a 30 minutos ("¡A veces hablas con tu hermana por dos horas!").
- No digas "cinco minutos más", para luego quedarte al teléfono (o frente al correo electrónico) por dos horas.

A medida que los chicos crezcan querrán menos de tu tiempo (¡aunque es posible que te necesiten tanto como siempre!) y les preocupará más sentirse avergonzados. Las chicas de primero de secundaria se estremecían cuando sus madres usaban palabras como *selfie,* o si al enviar mensajes de texto empleaban jerga como *LOL* ("muero de la risa", por *laugh out loud* en inglés) o *BRB* ("ahora vuelvo", por *be right back* en inglés).

Mis ideas se fundamentan en los talleres y trabajo de campo que llevo a cabo con grupos de adolescentes, preadolescentes y niños más pequeños. En este libro, te mostraré *su* perspectiva lo mejor que pueda. Me cuentan cosas que no siempre comparten con sus padres o maestros.

¿DE QUÉ SE PREOCUPAN LOS PADRES?

Trabajo con padres en escuelas de todo Estados Unidos y siempre indican que les preocupa saber "qué están haciendo los chicos ahí dentro" cuando entran a su habitación y descubren que su hija preadolescente y todas sus amigas están mirando una pantalla. Los papás me dicen: "Me preocupa que nuestros hijos no tengan habilidades sociales. Me preocupa que mis hijas sean adictas a los videojuegos. Me preocupa que estén mirando dos pantallas a la vez y haciendo tareas múltiples, al grado de que no puedan concentrarse realmente en nada. Me preocupa que vayan a tomar una foto obscena, que se enteren de alguna foto obscena o que reciban una foto obscena, y que eso les destroce la inocencia. Me preocupa que se vayan a volver ciberacosadores, que los ciberacosen o que los extorsionen… No sé qué están haciendo ahí, pero me preocupa". A continuación, algunas de las cosas que preocupan a los padres, dada la obsesión de sus hijos con los dispositivos digitales.

¿Los niños están perdiendo las habilidades sociales?

Todos lo hemos visto: un niño con una postura pasiva, dispositivo en mano, toda la atención enfocada hacia abajo. Tu hijo está sumergido en un juego o en algo más. Puede pasar toda una hora (o más) sin moverse. Está completamente desconectado del mundo. Si tratas de sacarlo de ahí, te arriesgas a que haga un berrinche.

Los padres expresan constantemente la preocupación de que sus hijos se vuelvan adictos a sus dispositivos. Temen que crezcan desconectados, solos y poco saludables. Se preocupan de que los dispositivos estén moldeando las habilidades sociales de los niños, y no de una buena manera.

La posibilidad de que esto ocurra es la razón por la que los niños nos necesitan más que nunca. Su mundo ya es muy complicado, y la tecnología es solo uno de los factores que nos advierten que quizá necesitan más apoyo para aprender habilidades sociales.

¿Estamos supervisando a los niños de modo apropiado?

Los niños de hoy pasan mucho más tiempo supervisados de cerca y mucho menos tiempo jugando afuera hasta el atardecer. Los padres están mucho más involucrados en gestionar activamente las vidas sociales de sus hijos, hasta que en algún momento ya no pueden hacerlo. Cuando los niños empiezan la secundaria, la costumbre de los padres de involucrarse puede enfrentar un reto enorme, porque ahora, en mayor medida, los niños tienen que resolver conflictos con sus propios recursos o negociar en otros complicados terrenos. La transición que se hace desde las invitaciones para ir a jugar gestionadas por los padres hasta la independencia social ("aquí está tu teléfono; diviértete enviándoles mensajes a todos tus amigos") presenta un gran obstáculo y está repleta de trampas para los niños que están entre cuarto de primaria y segundo de secundaria, quienes pasan por esta transición al mismo tiempo que la pubertad y demás cambios que esta edad conlleva. En vez de que haya un lento preámbulo antes de tener que lidiar con sus vidas sociales, muchos niños pasan de las invitaciones para salir a jugar organizadas por los padres a gestionar sus propios dispositivos y vidas sociales, sin "rueditas de entrenamiento" y con poca mentoría.

La buena noticia es que siempre hay maneras de ayudar a los niños a aprender las habilidades sociales necesarias. En aquella forma "natural" de socializar en la que nosotros crecimos, los niños tímidos o con otros retos sociales tenían que defenderse solos. La idea de que todos los niños deben aprender habilidades sociales y relacionales, que se ha vuelto una parte importante del plan de estudios escolar, permite que los niños con dificultades en esta área compitan en igualdad de condiciones, y la tecnología realmente puede ayudar en ello. Pero la mayoría de los niños, incluso los muy sociables, necesitan cierta ayuda para lidiar de modo responsable con las interacciones sociales que implica un dispositivo.

Cada familia encontrará retos ligeramente distintos al enfrentar esta transición, pero creo que los padres tienen las habilidades necesarias para ayudar a guiar a los niños y ayudarles a sacar el máximo provecho a la tecnología. Es posible que los dispositivos faciliten algunos comportamientos negativos o, simplemente, que esos comportamientos se vuelvan más visibles para los adultos al crear una documentación que no existía para las generaciones anteriores. Pero nosotros podemos enseñar comportamientos positivos, para que los niños aprendan a usar sus dispositivos de modo adecuado. Cuando lo hacen, la tecnología puede tener un impacto positivo en sus vidas… y en la tuya.

¿Está aumentando el drama entre compañeros?

Muchos padres observan que se amplifican las emociones de los adolescentes y preadolescentes que son nuevos en las redes sociales. Con o sin los dispositivos personales o cuentas en las redes sociales, para los niños el "drama" normalmente comienza con la transición a la pubertad, cuando empiezan a compararse con sus compañeros y a sentirse excluidos. A veces, en especial cuando los niños están jugando videojuegos, estos problemas empiezan antes, aunque podría tratarse de simples conflictos y no de lo que los niños llaman *drama*. Aunque los dispositivos no son la causa de la turbulencia emocional, sin duda estos la pueden exacerbar.

Hay algunas edades —y personalidades— que están programadas para el drama. Sin duda puedes recordar a algún colega o amigo que busca el drama en todos lados. El conflicto y el drama son parte de la vida: lo que importa es cómo los manejamos. Los papás debemos buscar señales para saber si los niños prosperan en el drama y lo disfrutan, o si lo evitan e ignoran. Si tu hijo está justo en medio de ese espectro, tienes oportunidad de mentorizarlo para que sea amable y no manipulador. Pero si el drama está aislando o alterando a tu hijo, tienes que ser incluso más proactivo para ayudarle a crear límites.

Más adelante atenderé con más detalle el tema del drama social en la era digital, pero aquí hay algunos ejemplos del tipo de drama que crean los niños en el mundo de hoy:

- Tomar el teléfono y enviar mensajes crueles, estúpidos o absurdos.
- Compartir fotos que avergüencen o incriminen.
- Propagar rumores anónimos.

- Tratar de iniciar problemas entre dos amigos.
- Señalar "inocentemente" que alguien te dejó de seguir.
- Hacer preguntas de modo anónimo sobre alguien en un sitio anónimo.
- Generar conflicto por medio de comentarios en una red social.
- Lanzar indirectas en un chat grupal sobre alguien que "en realidad no debería de estar en este grupo".

Si este tipo de comportamiento es un factor negativo y estresante en la vida de tus hijos, quizá debas considerar ayudarle a conectarse con otra comunidad, grupo de *scouts* o grupo juvenil. ¡También está perfectamente bien desconectarse! Un momento estratégico de desconexión puede ser un bálsamo para la agitación provocada por los problemas cotidianos inducidos por la tecnología. Aunque me parece que debemos fomentar el uso positivo de la tecnología, eso no quiere decir que tengamos que usarla noche y día. Está bien tomarse un descanso. Ayuda a restaurarnos… ¡y no solo a los niños!

Así que pregúntale a tus hijos si han visto que otros chicos sean crueles en chats grupales o en las redes sociales. Sucede todo el tiempo, así que no te sorprendas por lo que te cuente. Y aún más importante, no reacciones desproporcionadamente. Este libro te enseñará a enfrentar muchas de esas situaciones y te ayudará a decidir cuándo pedir ayuda externa.

¿Los niños no están logrando entender la privacidad?

Una frase común que oigo decir a los padres es que los niños de hoy "¡no tienen el menor sentido de la privacidad!". Lo que esto en realidad significa es que el concepto de *privacidad* de ellos es distinto del nuestro. Los jóvenes de hoy viven una vida más abierta, en donde comparten información sobre ellos con una idea distinta de lo que significa lo *público*. Creo fervientemente que si optamos por ser moralistas en este sentido, nos perdemos de una maravillosa oportunidad para mentorizar a nuestros niños. En vez de ello, podemos enfrentar la realidad y ayudarles a gestionar mejor su privacidad.

Hoy en día existe una fuerte cultura de compartir, tanto entre los jóvenes como entre muchos adultos, así que es improbable que la eliminemos. Por supuesto, queremos ayudar a nuestros hijos a establecer los límites apropiados: existen peligros reales cuando se comparte todo en todo momento. Tenemos que enseñarles a nuestros hijos a compartir de modo informado y razonado.

¿Cómo ven la privacidad los niños?

Los niños reconocen que están en público cuando visitan los canales sociales. Esto lo veo todo el tiempo en mi trabajo de campo con adolescentes y preadolescentes. Pero lo manejan así: los niños usan códigos para *crear* privacidad. Hacen referencias indirectas que solo entenderá su grupo de amigos cercanos. De ese modo, pueden pasar tiempo en público con cierta privacidad, al menos desde su idea de privacidad. Aun así, no quieren ser invisibles: quieren que sus pares estén al tanto de ellos y de sus acciones. Les preocupa profundamente que los olviden o ser invisibles.

En un ejercicio, les pido a los chicos de secundaria que identifiquen qué tan privados o públicos son distintos temas en una escala, y sus respuestas varían según la edad y el contexto. Por ejemplo, les pregunto cómo manejarían noticias familiares como el divorcio de sus papás. La mayoría de los niños de mis grupos está de acuerdo en que si los papás de un amigo decidieron divorciarse, esta no es una noticia que los compañeros puedan compartir. Se enojarían si un amigo compartiera noticias así sobre su familia sin su consentimiento. Sin embargo, algunos dicen: "¿Y qué tiene de malo?", o "A mí me gustaría saberlo, para poder apoyar a mi amigo". Hay mucho que nos puede gustar de estas respuestas tan razonadas de los niños.

¿Seguridad o privacidad?

Mi hipótesis, basada en muchas conversaciones con niños, es que en el mundo posterior a los atentados del 11 de septiembre, los niños valoran la seguridad más que la privacidad. Los alumnos de secundaria y preparatoria me dicen con frecuencia que no les molestaría que el gobierno revisara sus datos, porque "no tienen nada que esconder". Que las marcas y empresas conozcan sus preferencias también les resulta más conveniente que espeluznante.

Queremos que los niños entiendan que, a cambio de esta conveniencia, intercambiamos datos. La mayor parte del tiempo, esto no nos causa problemas; aunque no me pondré a discutir si es bueno o malo, es importante que seas consciente de ello para que puedas ayudar a mantener seguros a tus hijos. ¿Qué es lo importante que debemos de entender por ahora? Los niños quieren cierta privacidad, pero la conciben de modo distinto que nosotros. ¡Y a veces lo que buscan es tener privacidad de sus padres y maestros, e incluso a veces de sus compañeros!

¿Los niños están creando un registro permanente?

Una de las preocupaciones que más escucho de los papás es: "¿Podría mi hijo arruinar su carrera por alguna tontería que posteó en primero de secundaria?". Aunque no es tan probable, es preocupante la duración y la naturaleza pública de la información que compartimos. Deberíamos considerar que todo lo que compartimos es público permanentemente. ¿Verdad que eso te pone a pensar?

Las escuelas tienen distintos métodos para lidiar con las preocupaciones cotidianas relacionadas con la privacidad digital, así que yo *no* daría por sentado que tu hijo está aprendiendo buenas prácticas en la escuela. Nuestra cultura aún tiene que encontrar maneras de lidiar con las indiscreciones digitales, pero todavía no hay un consenso sobre cómo. Quisiera que todo lo que se posteara antes de los 18 años se pudiera suprimir, al igual que con los antecedentes penales. Como mínimo, esos posts no deberían de tomarse muy en serio. El capítulo 9 aborda cómo mentorizar a tu hija en su presencia pública. Cuando los niños son pequeños, ustedes los padres son los autores de su rastro digital (*digital footprint*). Piensen mucho en lo que postean y comparten, y una vez que su hija tenga la edad suficiente (quizás entre los 6 y 8 años), comiencen a pedirle permiso antes de subir sus fotos a las redes sociales. Si un niño más pequeño no está de acuerdo con que le tomen una foto o que se comparta, tenemos que atender sus deseos.

¿Los niños enfrentan un mayor riesgo de acoso?

El acoso existe desde que se inventó el patio de juegos. Los niños son niños, y a veces se pasan de la raya y tienen comportamientos peligrosos. Aunque el acoso no es nuevo, con la tecnología los acosadores tienen modos novedosos de lograr sus objetivos. Y nosotros, padres y maestros, debemos entender algunas de las nuevas maneras en que se expresan estos comportamientos… y saber qué hacer ante ello.

Primero, al igual que en el mundo análogo, necesitas distinguir entre el resquemor común de todos los días y un comportamiento más serio (exploraré muchos de estos temas con más detalle en el capítulo 6). ¿Cómo sabes cuándo hay mayor peligro? Confía en tus instintos. Además de la intensidad del daño, un indicador de que el problema ha llegado a un nivel preocupante es la frecuencia de los incidentes. Cuando tu hija es víctima de intensos regaños, amenazas o incluso chantaje, la situación se vuelve muy emocional. A los niños y sus padres les cuesta trabajo resolver estos asuntos.

Tenemos que ofrecerles a los niños pautas muy claras de cuándo deben pedir ayuda. Me he topado con muchas historias de niños que extorsionan a otros niños, que se amenazan unos a otros o cosas peores. Tenemos que estar seguros de que nuestros niños acudirán a nosotros si se sienten amenazados o si alguien los está coaccionando. Hazles saber a tus hijos que si alguien intenta dañarlos, tú los ayudarás. Y deben saber que tu ayuda es incondicional, incluso si, por ejemplo, rompieron las reglas y están usando una plataforma social que les habías prohibido. Su seguridad es importante, ¡y nadie puede meterse con ellos! Si les haces saber que siempre pueden acudir a ti, no surtirá efecto cuando el acosador o abusador les diga: "Les diré a tus papás lo que has estado haciendo".

Por supuesto, a ti como padre te corresponde poner las reglas y fijar los límites. No hay estándares uniformes utilizados por la escuela de tu hijo o por la policía local para manejar problemas como el acoso o los comportamientos abusivos entre niños. Una de las medidas más importantes que puedes tomar en una situación de acoso constante es cortar el contacto del acosador con tu hija. Esto la mantendrá a salvo, pero ten en mente que podría sentir que es un castigo si la estás separando de sus amigas.

Date cuenta de que tu hijo podría no percibir la situación del mismo modo que tú: "Si le cuentas a alguien…" es una amenaza, simple y llanamente. Al explicárselo, le comunicas que tiene derechos y que este comportamiento es agresivo y que debe parar.

Es mucho más probable que los niños sepan lidiar mejor con los vaivenes del drama y con la preocupación de perderse de algo que con el acoso o abuso, pero es importante reconocer cualquier sentimiento de ostracismo y tomarlo en serio en caso de que suceda. Algunas escuelas manejan el acoso mucho mejor que otras. Si la escuela tiene establecidas políticas de apoyo y los compañeros están tratando mal a tu hijo, puedes colaborar con esta para conseguir ayuda. También puedes buscar terapia en tu comunidad con algún trabajador social o psicólogo que tenga experiencia con jóvenes que se enfrentan a retos sociales.

¿Los niños están viendo contenidos inapropiados?

Sobra decir que el internet está lleno de cosas que preferirías que tus hijos no vieran. La violencia, los contenidos sexuales y demás temas intensos y orientados a adultos no tienen lugar en el mundo de un niño. El temor que sentimos de que los niños sean expuestos a contenidos que los hagan sentir mal es realista y, seguramente, sucederá, incluso cuando tu hijo no esté buscando las imágenes inapropiadas que quizá vio.

Entonces, ¿qué haces si tu hijo ve pornografía o algún otro contenido que no quisieras que hubiera visto? Haz lo posible por no escandalizarte si los niños son muy pequeños (desde preescolar hasta segundo de primaria). Pregúntale a tu hijo: "¿Qué viste?". Asegúrale que no estás enojado con él, sino que lamentas que haya visto algo "que no es para niños". Pregúntale: "¿Cómo te estás sintiendo?", y dale el espacio para hablar de eso.

Esta conversación puede ser distinta según la edad. Una mamá me contó que a su hija de 6 años otro niño de la misma edad le mostró pornografía en casa de un amigo. En un arrebato de pánico al tratar de protegerla de una experimentación sexual inapropiada, esta mamá le dijo a su hija que terminaría por ir a la "cárcel de niños" si intentaba hacer esas cosas.

Aunque es comprensible el pánico de esa madre, al dar una respuesta basada en el miedo nos puede salir el tiro por la culata e incluso puede *aumentar* el interés del niño. Una mejor opción sería que esa madre le dijera del modo más tranquilo posible a su hija que vio algo hecho para adultos y que no es para niños. Déjale saber que ni siquiera la mayoría de los adultos ven este tipo de videos, y dile: "Te ayudaré a que te asegures de no ver algo así nunca más".

A los niños los engancha la presión social. El *temor a perderse de algo* (o FOMO, por el acrónimo en inglés de *fear of missing out*) es real. Por eso debes dotarlos del lenguaje necesario para salir de situaciones en las que pudieran sentir la presión de participar. Empodéralos para que se alejen, apaguen la computadora o el dispositivo y digan: "Eso no es para niños" y "No quiero ver eso". Es útil tener esta discusión *antes* de que surja el problema.

¿Y qué pasa si lo que vieron no fue accidental?

Si tus hijos están entre tercero de primaria y segundo de secundaria o más, tienes que dar por sentado que existe una buena posibilidad de que fue la curiosidad la que los llevó a encontrar contenido inapropiado. Esto puede ser difícil para ti, porque no queremos creer que nuestros hijos harían eso. Recuerda que es natural que los niños sientan curiosidad y que están aprendiendo los límites. Lo positivo es que intervengas para ayudarlos… en el momento justo.

Está bien decirles que "Los adultos hacen contenidos para otros adultos", y hazles saber que también hay muchos adultos que sienten que ese tipo de contenidos no son positivos, que son despectivos para con las mujeres o que presentan una visión limitada de la sexualidad. Escoge tu argumento: seguro tienes opiniones muy claras al respecto y es perfectamente razonable que las muestres.

Una mujer me contó que su hijo de 9 años hizo una búsqueda de "mujeres desnudas sexis". Este es un niño que necesita recibir buena información, que le digan que sus intereses son normales y no aberrantes. Sin embargo, como cualquier niño, no debe estar haciendo búsquedas de internet sin supervisión.

Para Deborah Roffman, experta en educación sexual, los padres deberían hacer todo lo posible por mantener a los pequeños alejados de la pornografía.[2] Roffman opina que ver esas acciones tan gráficas y sin contexto tergiversa el significado del sexo entre las personas. Ella aconseja que si tus hijos ven pornografía, les expliques que es distinto del sexo real. También aconseja que hables con tus hijos sobre la posibilidad de que vean "personas desnudas" en la computadora en cuanto tengan la edad para hacer búsquedas y si te preguntan al respecto.

En el libro *Sexploitaition: Helping Kids Develop Healthy Sexuality in a Porn-Driven World* [*Explosión sexual. Cómo ayudar a los niños a desarrollar una sexualidad sana en un mundo expuesto a la cultura porno*], la autora Cindy Pierce subraya que los padres a los que entrevistó afirmaban que sus hijos varones adolescentes no veían pornografía a pesar de que las investigaciones sugieren que la edad promedio inicial para comenzar a exponerse a la pornografía es de 11 años. Según Pierce: "Casi todos los niños y jóvenes a los que he entrevistado están al tanto de la ingenuidad de sus padres. Los varones comparten historias cómicas sobre sus padres, quienes se jactan frente a otros padres de la cantidad de tiempo que pasan sus hijos estudiando en sus habitaciones".[3] Pierce comparte que, a medida que los niños van creciendo, es importante hacerles saber que sus deseos y fantasías sexuales son normales, pero que con la pornografía podría ser más difícil disfrutar de las relaciones sexuales con su pareja una vez que estén listos para ello.

En una de mis charlas, una mujer me contó que su hijo de segundo de secundaria se había vuelto adicto a la pornografía en el celular. Sus padres lo confrontaron cuando lo descubrieron, y él admitió que se sentía incapaz de parar. En este tipo de situaciones, podría ser útil

---

2 Deborah Roffman, entrevista con la autora, 12 de enero de 2016.

3 Cindy Pierce, *Sexploitation: Helping Kids Develop Healthy Sexuality in a Porn-Driven World*, Brookline, Bibliomotion, 2015, p. 38.

ponerle un filtro al teléfono —y a todos los dispositivos de la casa— para ayudar a romper un hábito que el mismo niño dice que quiere cambiar. Sin duda sigue habiendo dispositivos sin filtros con los amigos o incluso en la biblioteca local, pero obstaculizar el flujo constante de pornografía por internet podría bastar para ayudar a algunos niños que se encuentran en esta situación.

La mejor noticia es que no haya noticias

Ya sea que el material aparezca en la TV, en YouTube o en Facebook, hay mucho contenido además de la pornografía que no quisieras que tu hijo viera. Esto es algo que me ha sucedido. Mi hijo de 5 años se quedó con su abuelo mientras yo ofrecía una conferencia a un grupo de padres en una escuela en Nueva York. Bajó a hurtadillas mientras mi papá veía el noticiero nocturno y observó un acto de violencia terrible que un testigo había filmado y que se transmitió en las noticias, además de todo internet. Este video no era algo que yo hubiera querido que mi hijo (y ni siquiera un adulto) viera. Hablamos del miedo que le dio, escuché a mi hijo y respondí a sus preguntas con franqueza, pero de un modo apropiado para su edad. Y después, mi esposo, mi papá y yo discutimos cómo estar un poco más al pendiente en el futuro.

Los intereses de los chicos pueden llevarlos a lugares inesperados. Por ejemplo, conozco a un joven que adora los videos sobre climas extremos, pero no estaba preparado para ver un video gráfico que mostraba a los heridos después de un tornado. Ya que tanto YouTube como otros sitios web pueden mostrar violencia gráfica, vale la pena preguntarte cuándo estará listo tu hijo para operar de manera independiente en internet. Desarrollen juntos un plan de qué hacer si ve algo que le da miedo o lo altera.

Los chicos corren más peligro

La falta de comprensión lleva al miedo y a la sospecha, y por eso creo firmemente en darles a los padres, maestros y administradores escolares toda la información posible sobre las vidas digitales de los niños.

La información aunada a una estrategia te dará más poder para enfrentar los temas difíciles que rodean nuestras vidas en la era digital. Dos cuestiones que los padres me preguntan mucho tienen que ver con la geoetiquetación y con hablar con extraños.

La geoetiquetación

Los dispositivos móviles han precipitado un enorme cambio en nuestra cultura, por decir lo menos. Hace una década no esperábamos saber en dónde estaban nuestros amigos, parejas e hijos en todo momento. A lo mejor podíamos imaginarnos a nuestros hijos en la escuela, caminando a casa o jugando afuera, pero no estábamos del todo seguros. Y, sin duda, cuando teníamos 11, 12 o 13 años, nuestros padres no sabían constantemente en dónde estábamos.

Al menos los míos no: jamás olvidaré a un oficial de la policía que me preguntó si yo era Devorah Heitner. Tenía 13 años y estaba dando una vuelta con un amigo por la ciudad de Nueva York, adonde habíamos ido él y yo a celebrar su cumpleaños. Como buenos chicos suburbanos, estábamos paseando por Greenwich Village, probándonos anteojos de sol y comiendo rebanadas de pizza de a dólar. Resulta que sus papás le habían organizado una fiesta sorpresa de cumpleaños, ¡y en vez de estar ahí, estaba paseando conmigo! Los oficiales estaban molestos, pero también les pareció divertido. Los papás de mi amigo llamaron a la policía para que nos buscara, pero es un escenario impensable hoy en día: ¡los padres simplemente le habrían enviado un mensaje de texto a su hijo en el improbable caso de que, para empezar, el chico estuviera en una ubicación desconocida!

No solo nos pueden alcanzar siempre hoy en día, sino que la geoetiquetación es una preocupación nueva. Con cada post, cada *check-in* (cuando se marcan los lugares específicos en donde te encuentras) y cada mensaje que avisa en donde estamos, vamos dejando un rastro. Es posible que quieras saber en dónde están tus hijos, pero ¿quieres que *todos* sepan en dónde están? Son bastante evidentes los peligros de algo así.

Hablar con extraños

Por medio de las plataformas sociales y los juegos en línea, desconocidos pueden tener acceso a tus hijos. El internet logra que sea fácil ser anónimo o, peor aún, que adultos se hagan pasar por niños para ponerse en contacto con los chicos. Aunque es un peligro real, que no cunda el pánico. La buena noticia es que, según algunas investigaciones, la mayoría de los chicos no quiere conectarse con desconocidos: lo común es que prefieran usar la tecnología para conectarse con conocidos.

Sin embargo, podría no molestarles jugar Minecraft con extraños. Podrían también disfrutar del uso de aplicaciones que les ofrecen la oportunidad de hablar con gente de una zona geográfica más amplia. Así que algunas aplicaciones, juegos y sitios podrían ser más problemáticos.

Lo más importante es recordar que quieres saber lo que están haciendo tus hijos con cualquier aplicación. La aplicación en sí puede ser inocua, pero lo importante son las acciones de tus hijos. ¿Con quién están usando la aplicación? ¿Qué tipo de experiencias e interacciones están teniendo?

Queda claro que no quieres que tus pequeños usen aplicaciones para citas, para ligar o las que se dirigen a conectarse con desconocidos. Parece sensato establecer una política para los jóvenes usuarios de que cualquier nueva aplicación tiene que ser aprobada por ti, aunque debes saber que los chicos pueden esconder los íconos de las aplicaciones para que parezca que no las tienen. En general, el monitoreo te lleva a hacer más monitoreo, así que a menudo es mejor hablar con ellos sobre su uso de las aplicaciones para saber qué está pasando.

El seguro más importante para proteger a tus hijos de las malas experiencias es hacerles saber que pueden acudir a ti. Aunque hayan hecho algo de lo que se arrepienten, necesitan sentir que pueden hablar contigo al respecto. Si los chicos no se sienten aislados, están en mucho menor riesgo.

Al leer historias de chicos que se extorsionan unos a otros, habría que pensar en lo aisladas que se sentían las víctimas. Esos chicos sentían que *tenían* que hacer lo que pedía el agresor, incluso sabiendo que se equivocaban. Debemos ayudarlos a entender que no pueden confiar en alguien que intenta extorsionarlos: cuanto más entregues de ti mismo, más poder cedes y más vulnerable te vuelves al hostigamiento continuo. Es un mensaje fundamental que hay que impartir, porque los niños pueden terminar en estas situaciones sin tener la menor idea de cómo salir.

PONER EN PRÁCTICA EL CONOCIMIENTO

Es importante tener conciencia de la seguridad y la etiqueta digital. Habla con tus hijos y ve si se les ocurren razones por las que no es lo ideal dejar saber a todos en dónde estás cada vez que compartes algo. Además de las preocupaciones de seguridad, ¿han considerado la posibilidad de hacer sentir mal a otros? A veces los niños pueden usar estrategias como esperar a compartir ciertos eventos y actividades para suavizar la sensación de exclusión que pueden sentir otros chicos no invitados. Una solución simple es apagar las geoetiquetas y el rastreo geográfico… y para muchas familias, esta es una decisión útil.

Invita a tus hijos a conversar sobre cómo hacer el mejor uso de los dispositivos digitales. ¿Cuáles son algunos de los problemas en torno al uso de la tecnología? ¿Cuáles son los beneficios y peligros? ¿Cómo puedes tomar buenas decisiones? ¿Cuáles son los criterios familiares para darle luz verde a alguna aplicación o juego? ¿Cuáles son los criterios para estar conectado y desconectado, y cómo se alinean con tus valores? Profundizaremos en todo esto y más a lo largo del libro. Aunque hay muchas cosas que no queremos que nuestros hijos hagan con la tecnología, en este libro nos centraremos en cómo vivir, e incluso *prosperar*, día con día con la tecnología. Comencemos por asomarnos tras bambalinas a la vida digital de tus hijos.

DOS

LOS CHICOS ESTÁN BIEN

El conocimiento que tienen los niños de la tecnología podría parecer intuitivo. Después de todo, lo aprenden velozmente y fluyen en seguida con las nuevas aplicaciones. Sin embargo, eso no quiere decir que vean el panorama completo. De todos modos, hay que enseñarles explícitamente el uso de la tecnología para sus mejores propósitos... y la persona más indicada para enseñárselo eres tú.

Te doy un ejemplo: mi hijo de 5 años reorganizó mis aplicaciones en un fólder etiquetado "aplicaciones para grandes". Las faltas de ortografía del título fueron una clara señal de que era obra suya. ¡El hecho de que pueda organizar la interfaz de un teléfono inteligente no quiere decir que ya esté listo para entrar a la tienda de aplicaciones y escoger las de alta calidad, hacer su propia investigación por internet o tener *su propio* teléfono inteligente!

Los estudios demuestran que, a pesar de toda su fluidez, los chicos siguen mostrando muchos puntos flacos cuando se trata de su mundo digital. Por ejemplo, no siempre saben cómo evaluar e interpretar los datos.[1] También confían demasiado en los resultados de una bús-

---

[1] James Damico y Mark Baildon, "Examining ways readers engage with websites during think-aloud sessions", *Journal of Adolescent & Adult Literacy* 51, núm. 3, 2007.

queda rápida en internet. "*Gugléalo* y ya" parecería la respuesta para todo, pero los padres podemos ayudar a nuestros hijos a cultivar una verdadera alfabetización digital. Tenemos que ayudarles a entender cómo evaluar las fuentes de información y a tener un sentido de cómo categorizarlas según su calidad y veracidad.

Los niños aprenden algunas habilidades de alfabetización digital en la escuela, por supuesto. Los maestros tienen más destreza tecnológica que nunca, pero nada garantiza que sus habilidades digitales formen una parte significativa del currículum. Incluso en las escuelas en donde se enfatiza la alfabetización informática, los educadores y padres me cuentan que los niños no siempre aplican esos principios en sus búsquedas y lecturas personales. Investigar un suceso histórico o actual con tus hijos o algún destino al que piensas viajar es una estupenda manera de evaluar sus habilidades en ese aspecto.

La buena noticia es que los niños quieren hacer esto correctamente. Quieren crear una impresión positiva y ser buenos amigos cuando juegan en línea y en los ambientes de las redes sociales, además de serlo en persona. Para cuando llegan a la preparatoria, la mayoría me cuenta que quieren evitar el drama. Están creando contenidos; comparten los relatos escritos por fans y basados en algún texto, libro, serie o película (conocidos como *fan fiction*), y usan las redes sociales de modos divertidos y apropiados. Déjame compartir las voces de algunos niños para que entiendas su perspectiva. Y, por supuesto, pídeles a tus propios hijos que te pongan al tanto también. ¡Aprenderás mucho!

LO QUE HACEN LOS NIÑOS CON LA TECNOLOGÍA

"¿Qué están haciendo ahí adentro?". Esta es una pregunta y preocupación constante y urgente de los padres. He entrevistado a muchos niños y tengo respuestas para ti. Lo que están haciendo podría sorprenderte. Tomé lo que aprendí y coloqué las actividades en cuatro categorías:

- Consumen (y crean) contenidos.
- Controlan su mundo digital con una variable cantidad de ayuda y fortuna.
- Se conectan constantemente con otros.
- Son malvados con otros… a veces.

Veamos brevemente cada una de estas actividades para que puedas asomarte al mundo digital de tus hijos.

Consumen (y crean) contenidos

Puede ser que los niños no siempre sean tan buenos para evaluar la calidad de la información que encuentran, pero sin duda saben buscarla. YouTube es su buscador básico, y Google (que domina el mundo, al menos mientras escribo esto) también es una fuente importante para los niños. Pídeles a tus hijos que busquen algo. ¡Sin duda tendrán la respuesta antes de que termines de formular la pregunta! Aunque algunos niños son maniáticos del consumo, muchos otros crean tanto como consumen. Las herramientas de creación ya son tan accesibles que la mayoría de los niños están creando. Hasta los niños de 5 años pueden hacer videos.[2]

Aunque filtrar y bloquear sitios son estrategias limitadas, la aplicación YouTube Kids (que hace más seguro y fácil para los niños encontrar videos apropiados para ellos) y las herramientas como SafeSearch de Google o algún otro filtro *podrían* ser suplementos útiles mientras mentorizas a los niños de preescolar y primaria. Antes de usar un filtro, pregúntate si tu hijo realmente necesita el internet para cierta actividad. Una niña de preescolar o primaria puede usar una tableta para un juego, para dibujar o para una aplicación musical sin internet, y quizá no necesite buscar. Si no puedes buscar con tu hija, ¿es necesario que lo haga?

---

[2] David Kleeman, "iSpy 2016: Five things we're keeping an eye on", *SlideShare*, 11 de enero de 2016, recuperado el 1 de febrero de 2016, http://www.slideshare.net/dubit/ispy-2016-five-things-were-keeping-an-eye-on

A fin de cuentas, querrás enseñarles a tus hijos cómo buscar, para poder influir en ellos en vez de controlarlos. Todavía necesitan tu ayuda para aprender a buscar y evaluar la información que les será útil. Aquí hay algunos buenos puntos de partida para explorar:

- ¿Conocen la diferencia entre los sitios con terminación *.com, .org, .edu* y *.gob*?
- ¿Entienden las nociones de *derechos de autor* y *propiedad intelectual* en relación con la propiedad en línea?
- ¿Saben encontrar imágenes disponibles para el uso común?
- ¿Conocen la diferencia entre lo que es público y lo privado?
- ¿Entienden cómo los sitios web conjuntan fotos y palabras para crear argumentos?

Recuerda que incluso los nativos digitales pueden no tener la menor idea de ciertos aspectos de la vida digital. Para tener un poco de perspectiva de lo que están haciendo los chicos, hablé con David Kleeman, vicepresidente ejecutivo de tendencias globales en Dubit, una empresa de entretenimiento e investigación para niños. Kleeman también fue presidente del American Center for Children and Media [Centro Estadounidense para Niños y Medios]. Él me compartió la investigación más reciente de Dubit, la cual mostró que:

- Los padres son los impulsores primarios en la selección de medios de los niños hasta la edad de 4 años.
- Cuando los niños cumplen entre 5 y 7 años, YouTube toma el lugar de los padres como la principal influencia, aunque los padres siguen influyendo más que los amigos. Los niños que todavía no saben leer pueden acceder a las búsquedas en YouTube por medio del control de voz.
- Para los niños con edades de 8 a 10 años, YouTube es clave para hacer búsquedas, y los amigos tienen más influencia que los padres respecto a las elecciones en medios de los niños.
- De 11 a 15 años, los chicos reciben más influencia de medios por YouTube de la que reciben de sus amigos. Los buscadores y la tienda de aplicaciones también son recursos importantes.

Esta investigación puede ayudarte a detectar en dónde tu hijo y sus compañeros estarían obteniendo sus influencias de medios, lo cual te ayudará a plantear las preguntas correctas.

Controlan su mundo digital

Los niños pequeños están navegando en el mundo en línea incluso con más rapidez que sus compañeros ligeramente mayores. Su acceso al internet es relativamente abierto, debido a tantos dispositivos móviles y conectados que están flotando por todos lados, aunque los niños (todavía) no tengan el suyo.

Sería conveniente que los filtros y otros obstáculos impidieran que los niños accedieran a contenidos inapropiados, pero no lo hacen de forma consistente. Peor aún, estas herramientas dejan que los padres piensen: "Perfecto, instalé una aplicación: no necesito mentorizar a mis hijos". Por eso, monitorear no puede ser un sustituto de mentorizar.

Logran superar los obstáculos

Es importante darse cuenta de que, para algunos niños, los obstáculos son una invitación. La buena noticia es que si los trabajos en el mundo de la tecnología siguen creciendo como hasta ahora, tu pequeño pirata informático podría tener un futuro brillante. Muchos niños pueden acceder a lo que quieran si cuentan con uno de los dispositivos que entregan algunas escuelas por medio de programas de cómputo (que se conocen como *1:1*, o a veces como *uno a uno*). La mamá de un niño de tercero de primaria me contó que incluso en el mundo filtrado y "cerrado" de los dispositivos escolares, su hijo encontró una entrada alternativa por Google Chrome y estaba navegando en internet durante clases en su escuela 1:1.

Muchos papás sienten que, aunque pueden supervisar lo que les compran a sus hijos, los dispositivos escolares pertenecen al ámbito de la escuela. Los niños lo saben y lo usan a su favor. "Me quitaron el teléfono porque me castigaron, pero puedo hacer todo lo que quiera en el iPad de la escuela", me contó una chica de primero de secundaria. El dispositivo no importa tanto como su conectividad. Una vez que los niños tienen cuentas en redes sociales o en otros espacios interactivos en la nube, no importa qué dispositivo utilicen para acceder a ellos.

Al enfatizar la habilidad de los niños para superar los obstáculos, no estoy diciendo que es inútil criar a un niño del siglo XXI y que simplemente él hará lo que quiera; lo enfatizo para que veas que tenemos un gran trabajo en las manos (¡también yo soy mamá!) y que no basta con poner una aplicación o filtro en los dispositivos de los niños. Tenemos que equiparlos con las habilidades necesarias para prosperar.

Los niños no siempre aman la tecnología

Los niños no siempre quieren el aparato o la aplicación más reciente, y tampoco aman sin reservas a la tecnología. He hablado con nuevos usuarios de teléfonos que a menudo se sienten estresados por la sensación de tener que estar disponibles en todo momento. Algunos critican la tecnología en las escuelas. Aunque muchos niños aman la personalización tan sencilla del aprendizaje que puede ocurrir en los ambientes 1:1, así como la posibilidad de colaboraciones rápidas, otros niños la critican. Una niña de sexto de primaria describió su frustración con los iPads de la escuela: "No lo reviso todo el tiempo, y detesto las actualizaciones y los timbres constantes. Nuestros maestros no saben que, aunque nos digan que no descarguemos algo, lo podemos volver a descargar si ya lo teníamos antes: sigue en la nube. Una vez que descargas un juego, puedes volver a la nube con una flecha. Lo puedo conseguir porque lo puedo volver a cargar, aunque esté bloqueado".

Otro niño de sexto grado en la escuela 1:1 dice: "Los maestros creen que saben lo que estamos haciendo, ¡pero no es así! En realidad, ya no están enseñando: pueden meter todo para que lo califiquen automáticamente. Ahora la escuela solo tiene que ver con que nos digan qué artículos leer. Hicimos muchos PowerPoint el año pasado, y el examen solo fue de los apuntes".

Algunos chicos encuentran que distraerse es un problema enorme. En palabras de Tanya, una niña de primero de secundaria que asiste a una escuela 1:1: "Aunque sean divertidas, a veces desearía que no tuviéramos iPads. No me acuerdo de las cosas, me tardo más tiempo con la tarea, me cuesta trabajo escuchar y teclear [al mismo tiempo], y a veces estar frente a la pantalla solo hace que me den más ganas de estar frente a otra pantalla, como mi teléfono".

No todos los niños critican la integración 1:1. De hecho, los niños mencionados, que se sentían preocupados por los efectos de la tecnología, eran la excepción, pero creo que es importante notar que algunos niños sienten cierta ambivalencia en cuanto al papel de la tecnología educativa en sus vidas, o que están repitiendo críticas que escucharon de sus padres. En muchas escuelas, descubrí que los niños tenían una actitud muy positiva hacia la computación 1:1. Un niño de cuarto grado en uno de mis grupos focales había formado parte de un programa piloto 1:1 en tercero de primaria, pero en cuarto de primaria ya no tenía dispositivo. Hizo un dibujo de su mochila (ahora repleta) y la comparó con su mochila de tercero de primaria, que solo llevaba el dispositivo y un cuaderno… ¡sus libros de texto y hojas de trabajo estaban en el dispositivo!

A fin de cuentas, tenemos que resistir los estereotipos de que los niños aman la tecnología por la tecnología misma. Los niños se frustran con los dispositivos o con el aprendizaje en línea cuando aumenta el tiempo que les toma hacer una tarea, o cuando les hace sentir que obtienen atención menos personal por parte de los maestros. Les encanta que les den acceso a herramientas que pueden usar para crear, aprender, compartir y conectarse de nuevas maneras.

Se conectan constantemente con otros

Tan pronto como los niños se conectan en línea con sus pares, esas conexiones pueden volverse rápidamente el telón de fondo constante. Mientras los adultos hablan de vivir en la nube, muchos niños (y un buen número de adultos conectados) están viviendo en las multitudes. Están en un chat grupal con todo su grado, o tienen seguidores en redes sociales que apenas conocen. No queremos que obtengan su identidad por medio de una convocatoria abierta hecha a este grupo tan grande y siempre presente de compañeros.

En esta sección, escucharemos lo que nos dicen sobre sus maneras de usar los medios sociales. Me adentraré mucho más en este tema en el capítulo 7, que analiza sobre a los compañeros y amigos.

Cómo los niños realmente usan las redes sociales

Muchas veces los padres tienen noción de cómo los adultos usan las redes sociales, pero no entienden del todo lo que los adolescentes, preadolescentes e incluso algunos niños más chicos hacen en estos espacios. Los niños tienen distintas razones para usar las plataformas sociales. Cuando le pregunté a Mariana —una joven de segundo de preparatoria a quien entrevisté— cómo escogen los niños las aplicaciones, ella resumió los usos para varias aplicaciones sociales de la siguiente manera: "Algunas aplicaciones sirven más para mantenerse en contacto a largo plazo. Otras son mejores para el día a día, como para hacer planes. Algunas tienen más que ver con lo que estás haciendo justo en este momento. Facebook tiene que ver con mantenerse en contacto con la gente, con conversar. Twitter tiene más que ver con lo que estás haciendo en ese momento".

Los niños envían mensajes de formas muy distintas que los adultos. Muchos jóvenes que *textean* (y chicos que apenas empiezan a textear) están usando las funciones principalmente para mantenerse conectados después de la escuela por medio de chats grupales. Para ellos es difícil resistirse a la emoción inicial de los chats grupales. Mientras muchos adultos usan los mensajes de texto de modo principalmente práctico, los niños no tienen una necesidad tan pragmática. Para ellos, están más relacionados con el entretenimiento, mantenerse en contacto sin tener que reunirse y sentirse incluidos.

Tobías, un chico de segundo de preparatoria, me contó que su primer teléfono no fue gran cosa: "Tenía 11 años cuando me dieron mi primer teléfono inteligente, un LG. Me pareció genial tener celular. Lo usaba para mantenerme en contacto con mis amigos. Para Minecraft, mis papás me limitan el tiempo que le dedico a jugar, pero puedo enviar todos los mensajes que quiera. Mi hermana está en tercero de secundaria, y creo que pasa mucho más tiempo al teléfono que yo".

Otra chica de tercero de secundaria llamada Daniella me contó: "Las redes sociales son el lugar al que vas después de la escuela para repasar los titulares del día, para ver quién está haciendo qué, para que te pongan al día sobre las relaciones (en otras palabras, parejas que se forman o que se separan) o simplemente ver los detalles del día a día. De noche, te metes a Instagram y ves lo que los demás hicieron ese día. Yo sigo a alrededor de 1 200 personas, y unas 1 200 personas me siguen a mí. Usamos Twitter para cosas más chistosas, en realidad no para ver fotos. Me gusta ver lo que está haciendo otra gente: a veces te motiva a salir. Si ves que otra gente se está divirtiendo y tú solo estás sentada en casa, te dan ganas de salir".

En cuanto a los conflictos, Maya, otra chica de tercero de secundaria, dijo: "La mayoría de la gente es amable, pero está bien que haya gente que cuide los *subtuits*, donde no siempre dicen algo *directamente* malvado, pero le están avisando a la gente algo que sucedió, o algo que podría ser no muy amable sobre otra persona. Eso también es malvado, en cierto sentido. Algunas personas son bastante duras, y otra gente solo piensa '¡Guau, qué drama tan interesante!'. Pero lo que subes a internet lo escoges tú".

El *miedo a perderse de algo* (o FOMO, por sus siglas en inglés) es un resultado común de los hábitos en redes sociales de los niños. Cuando le pregunté por este fenómeno, Natalia —también en tercero de secundaria— respondió: "Normalmente, no me siento excluida. Pero algunas personas suben demasiadas historias sobre ellos mismos y fotos con millones de personas. Es mejor que no las veas más de una vez. A veces me motiva a salir cuando veo que otra gente está haciendo cosas divertidas, pero si de por sí te sientes mal, puede ser un poco deprimente".

Las imágenes digitales como moneda social

Nuestros hijos están viviendo en un mundo en el que todo el tiempo se fotografían unos a otros e incluso a sí mismos (lo que popularmente conocemos como *selfies*). Puede ser difícil de entender cómo los niños, e incluso muchos adultos, conciben sus personalidades públicas. Nuestros hijos nunca pensarán en la privacidad como la pensamos nosotros. Que los chicos tomen fotos de otros niños y las suban sin permiso o que etiqueten una foto en Facebook sin el consentimiento del fotografiado podríamos verlo como una invasión de la privacidad de otra persona. Es posible cultivar una cultura del permiso si pedimos y obtenemos consentimiento, pero lo más probable es que no podamos cultivar cierta reticencia a compartir.

Nuestros hijos viven en una cultura en donde se toman fotos. Intenta no juzgar, no importa cómo te sientes al respecto. En un reciente documental, *#Being13*, los entrevistados hablaron sobre tomarse muchas selfies. Burlarse de los niños por tomarse selfies o patologizar esta práctica no refleja lo esencial. Los niños se toman selfies para recordar momentos: las fotos funcionan como una taquigrafía visual.[3] Las selfies y otras fotos son parte de su mundo y no te servirá pelearte con ello.

Los jóvenes se pueden comunicar mucho más con una fotografía de lo que podríamos imaginar. En el libro *La generación app*, los profesores Howard Gardner y Katie Davis informan que los niños se están volviendo más alfabetizados con las imágenes que con los textos.[4] Sus interpretaciones de las fotografías que postean sus amigos se relacionan con el contexto: experiencias compartidas, lugares significativos, estilos que representan identidades. Los niños son muy conscientes de que hay un amplio público para una foto compartida en las redes sociales, y la intención de su significado podría estar dirigida a una pequeña parte de ese público.

SON MALVADOS CON OTROS... A VECES

Los niños pueden ser malvados unos con otros (eso no ha cambiado desde que nosotros fuimos niños), y estoy segura de que puedes ver

---

3 *#Being13,* producido por Anderson Cooper, 2015, http://edition.cnn.com/spe cials/us/being13

4 Howard Gardner y Katie Davis, *The App Generation: How Today's Youth Navigate Identity, Intimacy, and Imagination in a Digital World*, New Haven, Yale University Press, 2013, pp. 130-131. [*La generación app*, Buenos Aires, Paidós, 2014].

evidencia de malos tratos todo el tiempo. Al igual que en los lugares a los que se acude en persona, encontrarás niños que están siendo malos en cualquier lugar en el que pueden pasar el tiempo en línea.

Los niños de tercer y cuarto grado me comentan que los niños pueden ser malvados cuando "juegan juegos". Los niños más grandes hablan de la exclusión y de gente que no quiere que jueguen con ellos para nada. Las interacciones en redes sociales pueden ser espacios para las maldades sutiles (incluso no comentar algo puede lastimar) o directamente crueles ("Te ves horrible con esa ropa"). A veces encontrarás comportamientos malvados en lugares donde no lo esperarías. Por ejemplo, los niños pueden ser malvados mientras trabajan en proyectos colaborativos en plataformas como Google Docs. Jon Stoper, director de TI en una escuela que va desde el kínder hasta segundo de secundaria, dice que ve a niños que interactúan negativamente en Google Docs, Edmondo y otros espacios relacionados con la escuela donde los niños pasan el rato. Los niños pueden entablar microbatallas o tratar de imponerse sobre otros. Pueden decir que una idea es "tonta", a veces de modo intencional y a veces sin pensarlo. ¿Esto quiere decir que deberíamos prohibir la colaboración digital? ¡Por supuesto que no! Cuando vemos este tipo de comportamiento, tenemos que darles a los niños otra oportunidad, y si hacen sentir mal a sus compañeros, hay que concentrarnos en ayudarlos a reparar el daño.

LO QUE LOS NIÑOS CREEN SABER

Es obvia la confianza de los niños hacia sus dispositivos: navegan con facilidad por las aplicaciones y dispositivos nuevos, como si llevaran años usando esa tecnología. Puede ser intimidante para quienes, como nosotros, crecieron cuando la tecnología venía en paquetes con sus respectivos manuales de usuario. Es posible que sintamos que podemos aprender a usar un nuevo software, pero parece que nos toma más tiempo que a nuestros hijos hacer la misma tarea.

Sin embargo, que sean buenos para usar los dispositivos no quiere decir que lo sepan todo. Cuando se trata de la tecnología en sí, es posible que los niños sepan mucho. Por ejemplo, saben que en línea es muy fácil mentir sobre tu edad. Y que es sencillo crear múltiples cuentas. También entienden que todos siguen las acciones de un pequeño número de niños de su grado y que hay chicos a quienes nadie sigue. Saben que puedes jugar y compartir juegos con desconocidos. Saben que incluso si no tienen cierto juego, un amigo puede compartirlo con ellos si tienen el sistema correcto.

Compartir juegos, superar obstáculos, mentir sobre su edad para tener acceso a aplicaciones que son para niños de 13 años en adelante, usar la contraseña de sus papás para descargar aplicaciones y otras acciones relacionadas con la tecnología son mucho más fáciles que conseguir una identificación falsa en la preparatoria o la universidad. Estas "transacciones" no son en persona, y es mucho más sencillo crear una fachada en el mundo digital. Desde muy pequeños, los niños se vuelven buenos para manipular la tecnología y hacerla servir a sus propósitos. Pero hay un montón de cosas que *creen* saber, pero no saben. A continuación, unos cuantos ejemplos que de ninguna manera pretender ser exhaustivos:

- **Creen saber cómo lidiar con el conflicto entre compañeros**. En mis talleres, los niños de quinto y sexto grado me dicen que si —sin darse cuenta (o incluso de modo intencional)— comparten incorrectamente información que algún amigo les confió, la mejor manera de librar la situación es "difundir algunas mentiras" para que nadie sepa qué es verdad y qué no lo es. También "intercambian" infracciones. Si un chico traicionó la confianza de su amigo, podría "dejar que su amigo comparta" alguno de sus secretos. De hecho, ninguna de estas es una buena estrategia para resolver problemas. Tú y tus hijos podrían hacer una lluvia de ideas para ver qué soluciones posibles se les ocurren. Cuando les pregunto a los chicos de tercero de secundaria cómo manejan los conflictos con los amigos y compañeros de clase, ¡sus respuestas son mucho mejores! A medida que maduran, los niños *también* mejoran en la resolución de retos sociales. Los padres deberíamos apoyar este crecimiento.
- **Creen saber cómo manejar las dinámicas de grupo.** Lilah le manda un mensaje de texto a Mónica preguntando: "¿Qué

piensas de Sara?". Mónica le responde: "Me cae bien, pero es un poco aburrida". Resulta que tanto Sara como Lilah están viendo el teléfono de Lilah. Por supuesto, Mónica se siente fatal. Lo que comenzó como una charla inocente termina con resquemores y, posiblemente, con una amistad dañada. Hay tantas versiones de esta historia en la que el público no es el que los chicos creen. Los niños todavía están aprendiendo a comunicarse efectivamente, y los chats grupales presentan algunos retos complicados, porque deben hablar con más de una persona a la vez.

- **Creen conocer las configuraciones de privacidad, pero no siempre las configuran tan bien.** Dependiendo de su edad y madurez, muchos niños creen que lo que postean es privado. No reconocen que eso no es necesariamente cierto. En mis talleres, he usado Geofeedia para sacar imágenes que los niños postearon ese día cuando estaban en la escuela. Se horrorizan: ¡se la pasaron subiendo imágenes a varias aplicaciones sociales con las geoetiquetas activadas! Para todos los efectos, las publicaciones eran públicas. Cualquiera que buscara los post de la ubicación de la escuela podía verlos geoetiquetados. Si eso te suena espeluznante a ti (o a tu hijo), entonces las aplicaciones como Geofeedia son excelentes para comenzar la conversación.
- **Creen saber cómo funciona la tecnología, pero podrían no tener idea del rastro de datos que van dejando.** Los líderes de las escuelas me han contado que dentro de la suite Google Apps Educación, los niños colaboran usando Google Docs y un videochat de unos con otros por medio de Google Hangouts. Parte de la colaboración es dejar comentarios para otros niños y muchos estudiantes cometen el error de pensar que estos comentarios no se pueden rastrear. Jon Stoper, el educador antes mencionado, dice que muchas veces los niños se sorprenden cuando él los enfrenta con evidencia de que estaban usando una aplicación del salón de clases como un vehículo para decir cosas poco amables a un compañero.
- **Creen saber cómo usar correctamente las aplicaciones.** Hasta los niños que entienden que se pueden guardar las imáge-

nes de las aplicaciones como Snapchat (y otras en donde todo "desaparece") pueden olvidarlo. A veces, cuando los niños están en el momento se comportan como si no recordaran las capacidades de la aplicación... o las alternativas que permiten que una persona guarde un imagen o un post. Es posible que sencillamente ni se les ocurran todas las razones que podría tener alguien para guardar una conversación. Por ejemplo, si postean algo que les parece chistoso pero otro niño siente que hirieron sus sentimientos, el chico que se sintió ofendido podría guardar la imagen para mostrársela a una figura de autoridad.

- **Creen saber cómo evitar el plagio y citar fuentes correctamente.** Todo es gratis en internet, ¿correcto? ¡Pues no! Esta generación creció con un acceso irrestricto a la información. Hoy en día, puedes buscar cualquier cosa sobre cualquier tema. Todo está ahí afuera, y mucho es absolutamente gratuito. Sin duda, este flujo libre de la información ha afectado el modo en que los niños piensan la propiedad intelectual. Toma mucho esfuerzo explicarles que, aunque una imagen o un extracto de un texto pueda estar disponible gratuitamente, no pueden simplemente tomarlos y usarlos sin permiso... o, peor aún, ¡llevarse el crédito por el trabajo de alguien más!

TIENEN LA DESTREZA, PERO TÚ TIENES LA SABIDURÍA

A los padres les preocupa el papel que desempeñan los dispositivos, juegos y aplicaciones en línea en las vidas de sus hijos porque saben que las reglas han cambiado, y se sienten como forasteros o fuera de onda. Es natural que sientas que no te puedes mantener al tanto de las últimas tendencias. Quizá le compraste a tu hija un dispositivo para música y juegos solo para enterarte de que con eso también puede enviarles mensajes a sus amigas... y a lo mejor hiciste esa compra antes de que estuvieras preparado para que tu hija de tercer grado se pusiera a enviar mensajes. O tal vez tu hijo te pregunta sobre una aplicación, y como suena inocua, le das luz verde para que la descargue... pero resulta que está repleta de "oportunidades" de compras integradas (*in-*

app) que te están costando dinero extra. Muchos padres admiten que no saben cómo deshacerse de una aplicación una vez que la descargaron, aunque resulte haber sido una mala idea.

A pesar de que no tienes control sobre todo lo que hace tu hijo, puedes ser proactivo... e intencional. Puedes ayudar a propiciar el éxito para tus hijos, ofreciéndoles mentoría sobre cómo responder a distintas situaciones, y también organizando dispositivos y zonas fuera de línea en la casa que animen a los miembros de la familia a involucrarse de forma razonada con los medios.

Muchas veces, los padres se niegan a aceptar su propia sabiduría. Nuestros niños podrán comportarse como si supieran todo... y pueden ser bastante despectivos en cuanto a nuestro conocimiento del mundo; pero, aunque los niños no lo notarán hasta que tengan a sus propios hijos (¡y ya verán!), sabemos mucho.

Sabemos cómo es sentirse excluido. Sabemos cómo se siente que un amigo nos deje y se vaya con un nuevo grupo, o ser nosotros mismos los que cambiamos de amistades. Sabemos lo que se siente tener un ferviente y secreto enamoramiento, o tener un pasatiempo por el que no queremos que nos juzguen. Sabemos cómo se siente que saquen de contexto algo que dijimos. La mayoría de estas experiencias les sucederán a nuestros hijos también, y algunas de ellas podrían exacerbarse por la conectividad digital, los chats de grupo y las redes sociales.

Puede ser que tu hijo se sienta excluido después de que postean la foto de algún amigo o se entera de algún chat grupal en el que no lo incluyeron, pero que tú no hayas tenido exactamente esas mismas experiencias a su edad no quiere decir que no tengas nada que ofrecerle. Como posees una historia rica en experiencias sociales, estás en condiciones de ofrecer una ayuda que la tecnología no puede. Tenemos que desarrollar mucha curiosidad por las experiencias cotidianas de nuestros hijos. Tenemos que preguntarles qué están pensando, y tenemos que crear con ellos soluciones que les saquen provecho a su creatividad y a nuestra sabiduría.

Lo más importante que puedes hacer es confiar en ti mismo y darte cuenta de que lo que conoces de tus hijos y de sus necesidades es más importante que las opiniones de otra gente sobre el asunto.

Hagas lo que hagas, no te des por vencido. Las plataformas sociales no se diseñaron en torno a tus necesidades como madre o padre. Se diseñaron para conectarnos (y para aprender nuestras preferencias y gustos)... ¡pero no se adaptan correctamente a las distintas edades y etapas de la vida! Al ser el adulto más importante en la vida de tus hijos, te toca a ti como padre o madre de familia moldear sus relaciones con la tecnología y cuidarlos lo mejor que puedas de los medios con los que interactúan, al mismo tiempo que los equipas con las herramientas para tomar buenas decisiones cuando salgan al mundo... o se conecten al mundo desde su propio dispositivo.

A medida que vayas leyendo, encontrarás sugerencias para hablar directamente con tus hijos sobre sus presencias y experiencias en línea. Pero primero evaluemos lo que sabes sobre su mundo digital.

TRES

UNA EVALUACIÓN DE TU PROPIA ALFABETIZACIÓN DIGITAL

Ya vimos los mundos digitales de los niños, pero ¿qué hay de los nuestros? Puede ser que te sientas cómoda en el trabajo con tus hojas de cálculo o, en casa, con las transacciones bancarias en línea, al planear viajes, escribir un blog, enviar tuits o usar Facebook. O tal vez tengas una presencia tecnológica más modesta y principalmente utilices el correo electrónico. Tu hijo usa (o quiere usar) las redes sociales de un modo muy distinto a como tú estás en línea: lo más probable es que te acerques a la tecnología de forma distinta que tu hijo, aun cuando la uses ampliamente.

Muchos niños perciben el dispositivo personal como una extensión de sus cuerpos. A menudo los padres me expresan que les cuesta mucho trabajo mantenerse al tanto del panorama constantemente cambiante de los juegos en línea y las redes sociales, y no entienden cómo se involucran sus hijos con estas cosas. Peor aún, muchas veces los padres sienten que no saben lo suficiente como para plantear las preguntas correctas. Después de todo, ¿cómo sabes qué es lo que no sabes?

La fluidez digital comienza paso a pasito, como cuando se aprende cualquier cosa nueva. La nueva información te puede abrumar. A veces tengo que reconocer estos sentimientos antes de sentir curiosidad. Si tú sigues este mismo patrón, acepta la sobrecarga. Lánzate directamente hacia ella. Luego, cuando tengas un momento, empieza a buscar información a la que te puedas acercar en partes manejables. ¡Tu familia se merece que no te des por vencida frente al primer obstáculo!

EL NUEVO PAPEL DE LOS PADRES COMO GUÍAS EN LOS MEDIOS

A fin de cuentas, este libro tiene que ver con la mentoría. Creo firmemente que es la mejor manera de preparar a tus hijos para su futura vida *en* y *fuera* de línea. La mejor y más efectiva estrategia es ayudarles a tomar buenas decisiones en vez de tratar de protegerlos de todo lo que hay allá afuera. Pero ser un mentor efectivo en la era digital significa que tienes que involucrarte con la tecnología de los niños. Necesitas jugar lo que juegan tus hijos y dirigirlos para que su participación en la pantalla enfatice la creatividad por encima del consumo. ¡Estarás listo para ganarle a toda la oficina en Clash of Clans o Agar.io! O podrías descubrir que los videojuegos son difíciles y tendrás un nuevo aprecio por el talento de tu hijo.

Echarte un clavado en los intereses de tus hijos te mostrará que no todo el tiempo en pantalla es igual. Encontrar tus propios mentores será crucial. ¿Hay algún padre o madre en tu círculo que sea un jugador entusiasta y que pueda ayudarte a entender los diferentes modos de Minecraft? ¿Tienes algún amigo o colega que haya adoptado las nuevas aplicaciones sociales y te pueda contar sobre la aplicación que te está pidiendo tu hija de 13 años? Aunado a una actitud abierta y curiosa, el enfoque de mentorizar servirá de mucho para cultivar una vida positiva familiar en la era digital. Una estupenda manera de hacerlo es encontrar a tus propios mentores en respuesta a necesidades específicas. Si a tu hijo no solo le interesan los juegos, no necesitas aprender sobre ellos justo en este momento.

¿QUÉ TE PARECE LA TECNOLOGÍA?

Comencemos contigo. ¿Cómo te acercas a la tecnología? Tus creencias personales sobre los medios, la cultura de masas y la tecnología pueden influir en tus suposiciones acerca de qué es la calidad. Como indican los autores de *Tap, Click, Read* (un estudio sobre cómo se está moldeando la alfabetización temprana en la era digital), la tienda de *apps* es como el Viejo Oeste, en donde casi todo se puede clasificar como *educativo,* incluyendo las aplicaciones que les hacen las tareas a los niños o que de algún modo contradicen lo que la mayoría de los educadores y padres quisieran para ellos.[1]

Por eso no es sorprendente que a menudo los padres se confundan cuando intentan decidir qué tipo de tecnología desempeña un papel positivo en las vidas de sus hijos. No solo es difícil mantenerse al día con todas las aplicaciones y juegos, sino que todos —desde los abuelos hasta los maestros y otros padres— pueden ofrecer perspectivas distintas, a veces sin que uno se las solicite. Muchas veces estos mensajes contradictorios están cargados de culpa.

Hay investigaciones nuevas y prometedoras que apoyan la mentoría por encima de limitar (o ignorar) lo que hacen nuestros niños esperando que todo salga bien. En una reciente encuesta realizada a setecientas familias estadounidenses (de un conjunto de datos de 10 000), la investigadora de tecnología Alexandra Samuel encontró que las familias se acercaban a la tecnología principalmente de tres maneras:[2]

1. Los *limitadores* tienen más que nada un enfoque restrictivo sobre el tiempo en pantalla, sin interacciones significativas sobre la naturaleza y la calidad de las interacciones tecnológicas de los niños. Su enfoque es el de "menos es más", y Samuel descubrió que, en especial entre padres de los niños de preescolar, es muy común abordar el tema así.

---

1 Nichole Dobo, "Parents and teachers meet the 'Wild West' when they try to find quality education technology", *The Hechinger Report*, 2015, recuperado el 1 de marzo de 2016, http://hechingerreport.org/parents-and-teachers-meet-the-wild-west-when-they-try-to-find-quality-education-technology/

2 Alexandra Samuel, "Parents: Reject technology shame", *Atlantic,* 4 de noviembre de 2015, recuperado el 1 de febrero de 2016, http://www.theatlantic.com/technology/archive/2015/11/whyparentsshouldnt-feel-technology-shame/414163/

2. Los *mentores* se involucran con sus niños en cuanto a la tecnología. Estas actividades de interacción incluyen "jugar un videojuego con mi hijo", "hablar con mi hijo sobre cómo usar la tecnología, el internet o un sitio web específico de manera responsable" y "mostrarle a mi hijo un libro, artículo, videojuego o programa que lo ayude a aprender sobre la tecnología".
3. El tercer grupo de padres son los *propiciadores*, y su estilo es más de no intervención. No limitan, no mentorizan… y dejan que los niños se las arreglen solos.

Según la interpretación que Samuel da a su investigación, aunque limitar el tiempo de pantalla podría tener algunos beneficios, esta técnica en sí no prepara a los niños para la cantidad de interacción mediada por la tecnología que existe en nuestras vidas reales. De acuerdo con Samuel, "Proteger a los niños del internet podría funcionar por un rato, pero —una vez que están en línea— es frecuente que los hijos de los limitadores no tengan los hábitos y las habilidades que permiten mantener interacciones consistentes, seguras y exitosas en línea". Su estudio reveló que los hijos de los propiciadores, quienes tenían acceso ilimitado a dispositivos, aplicaciones y juegos, y cuyos padres interactuaban poco con estos dispositivos tan poderosos, también tenían dificultades y que a veces se metían en problemas. Los mejores resultados venían de las familias en donde los padres eran mentores activos de sus hijos para enseñarles a interactuar en espacios digitales, lo que ofrecía a los chicos una preparación más realista y útil para el mundo real.

EL INFIERNO SON LOS DEMÁS PAPÁS

A medida que vayas evaluando el ambiente de tus hijos y sus experiencias cotidianas al interactuar por medio de los dispositivos, descubrirás que, inevitablemente, entran en juego las elecciones de los padres de los compañeros de tu hijo. Una madre, Rachel, describió la manera en que las decisiones de otros padres y las políticas de la escuela la dejaban sintiéndose como si tuviera poco control sobre el uso que su hija hacía de los medios: "Mi hija estaba en quinto grado el año pasado. Y me sorprendió que había mucho uso de celulares, y los niños estaban comenzando a usar las redes sociales y a enviar mensajes, y los padres estaban lidiando con esto sin realmente saber qué hacer o cómo manejarlo, y a algunos niños les gustaba, a otros no les entusiasmaba tanto, algunos tenían teléfono, otros no, algunos niños lo usaban en el iPad… o en el iTouch. Y luego la escuela empezó a discutir las iniciativas escolares 1:1 y que cada niño tendría un iPad. Así que los padres… no tenemos control".

Otro padre expresó su frustración de este modo: "Me preocupa cómo las reglas que otros padres tienen para sus hijos son distintas de las nuestras. Me preocupan los padres permisivos que no supervisan los contenidos cuando mi hijo está en su casa".

Aunque sientas que estás relativamente en control de tus propios dominios, las presiones sociales lo complican todo. ¿Todos los amigos de tu hijo recibieron un Xbox para Navidad el año pasado? ¿Parece que todos sus compañeros de clase recibieron teléfonos inteligentes en cuarto grado? ¿Parece como si todos los compañeros de tu hijo tuvieran acceso al internet desde una computadora de escritorio colocada en una habitación aislada y sin aportes parentales? Es un territorio complicado, sin duda. A lo mejor decidiste que tu hija de 12 años ya puede lidiar con las redes sociales y le diste permiso de ingresar a un servicio y "maquillarse" la edad… ¡y otras familias te están viendo como si fueras una mala influencia!

En mi trabajo con las familias, veo lo difícil que es para los padres hablar con otros papás sobre sus experiencias. En vez de ello, hay muchos juicios privados, negatividad y poco consenso. Si todos nos esforzamos por tener una comunicación abierta sobre la crianza y la tecnología, y abordamos el tema con un enfoque comunitario cuando nos preocupe el comportamiento de los niños, todos saldremos ganando.

Si tu hija es más grande y está diciendo que es la única entre todas sus compañeras sin celular o algún otro dispositivo, puedes desarrollar estrategias con ella para encontrar otras formas de estar en contacto con sus amigas, como establecer una fecha aceptable para conseguirle un teléfono y decirle cuáles son tus condiciones. Por ejemplo, es posible que quieras que logre cierta meta de confianza antes de darle permiso para comprarlo: ¿tal vez pueda contribuir económicamente al plan mensual o adherirse a ciertas reglas sobre el uso del teléfono?

En todo caso, confía en tus decisiones como madre y no dejes que estén impulsadas por otros. Tus elecciones se basan en tus valores, así que no permitas que otros te saquen de las manos estas decisiones tan importantes.

Lidiar con las decisiones de otros padres puede ser difícil. Podemos tratar de descubrir por qué sienten lo que sienten, o entender sus criterios para tomar decisiones relacionadas con cuestiones digitales. Podemos buscar un círculo social más compatible; pero, hasta cierto punto, nuestros hijos escogen a sus amigos, y no tenemos mucho control sobre ello. Es inevitable que tus hijos entren en contacto con nuevos padres y nuevas reglas, y posiblemente con adquisiciones que tengan una influencia sobre ti y tu familia.

A veces me escriben algunos padres con preocupaciones sobre otras familias. Esta es una nota que me llegó hace poco:

> Tenemos unos amigos que le dan acceso ilimitado a su hijo de primaria a los juegos de computadora, que al niño le gusta jugar. Dicen que el chico se vuelve agresivo cuando le quitan el privilegio de usar la computadora. Notamos que el iPhone sustituye a la computadora cuando está en un ambiente social. Sentimos que el niño es adicto al dispositivo y que es posible que toda la familia necesite ayuda profesional para resolver el problema. ¿Es posible que tengamos razón en nuestra observación? ¿Puede la adicción a la computadora volverse un problema a una corta edad? ¿Qué se puede hacer para familias como esta y a quién tendrían que acudir para pedir ayuda?

No podemos controlar a los demás, así que ¿cómo lidiamos con ese tipo de situaciones en relación con nuestros propios hijos? ¿Qué es lo que hacemos cuando sentimos que está pasando algo que realmente no es sano? Cuando nuestros niños son muy pequeños, podemos aferrarnos a mantener cierto control. Si sabemos que al ir a jugar con un amigo nuestros hijos más pequeños podrían exponerse a experiencias que no nos gustan, podemos decirles a los padres que supervisan: "Me asustan los juegos de guerra, y preferimos que nuestros hijos no los jueguen" o "A mi hija le dan pesadillas si ve una película de miedo, así que la mantenemos alejada de ellas". También podemos enseñarles a nuestros hijos a decir "En mi casa no me dejan, así que no lo puedo hacer aquí", aunque para algunos niños será difícil establecer ese límite.

La experta en aprendizaje adolescente Ana Homayoun opina que, muchas veces, en las pijamadas es donde se toman las peores decisiones grupales.[3] De este modo, hasta los padres que en otros sentidos pueden ser bastante liberales con la tecnología podrían decidir que es buena idea desconectar a todas las chicas durante la pijamada (quizá guardando los dispositivos en otro lado).

Tal vez quieras tomar el control de la ubicación de las citas de juego o de otros eventos sociales en el caso de los niños más pequeños que no van solos por la comunidad. Si ha ocurrido algún problema en casa del amigo de tu hijo y los papás no están preocupados ni hacen nada, es posible que no logres convencerlos de cambiar su comportamiento. La solución más sencilla es mejor invitar a los niños a tu casa para que tu hijo no esté en un ambiente que no apruebas.

Quizá no quieras poner a tu hijo en una posición en la que tenga que decir que no a lo que le ofrecen, ya sea un videojuego de guerra o con simulación de armas o acceso irrestricto al internet con mucho tiempo para hacer búsquedas de contenido inapropiado. La presión grupal sigue siendo tal como la recuerdas de tu propia infancia. Algunos niños son mejores que otros para defenderse solos. Según la edad de tu hijo y su personalidad, es posible que no sea realista imponerle la expectativa de que no exceda los límites. Aquí es cuando puedes intervenir y usar tus habilidades y sabiduría para ayudar. Puedes organizar una salida al parque o en tu casa con este amigo si sientes que la casa de ese niño es un problema seguro.

Los niños mayores que ya viajan solos a las casas de los amigos necesitan estar equipados con buen juicio y tener la suficiente inteli-

---

[3] Ana Homayoun, "The dark side of teen sleepovers", *Huffington Post,* 28 de junio de 2014.

gencia de la vida en general y digital como para detenerse si les parece que algo no es una buena idea.

¿SIENTES QUE ESTÁS ATRASADO?

Muchos de los papás con los que trabajo sienten que están desactualizados cuando se trata de tecnología. Seamos realistas: casi siempre los niños se enteran de las últimas tendencias en la tecnología y los medios sociales antes que sus papás, y eso está bien.

Es importante recordar que, aunque los niños tengan destreza digital, los adultos tienen más sabiduría social que ellos. Esta sabiduría es inmensamente valiosa, y no habría que subestimarla. ¿Por qué quiere textear tu hijo? ¿Qué hay detrás de su impulso de usar una aplicación social? ¿Hay otras maneras de tener parte de esa conexión? ¿Qué tal si tú y tu hija abren una cuenta juntas? Una mamá creativa abrió una cuenta de Instagram con su hija de 11 años y medio para el perro de la familia. Solo posteaban juntas, y más bien seguían a otros miembros de la familia. Eso les brindaba a las dos la oportunidad de aprender a usar la aplicación, así que después de un año y medio, cuando la niña cumplió 13 años y tenía la edad para tener su propia cuenta, la mamá conocía bien la aplicación y había visto el proceso de toma de decisiones de su hija sobre qué postear. Esta es una manera estupenda de usar las "rueditas de entrenamiento" digitales: un apoyo que ayude a que los principiantes se sientan con confianza y eviten accidentes mientras aprenden nuevas habilidades.

Puedes aprender de tus hijos

Nos guste o no, nuestros hijos son nativos digitales. No podemos hacer nada al respecto, así que mejor lidiemos con ello de modo abierto y honesto. Puedes construir una cultura familiar en torno a la tecnología, y una vez que empieces a aprender sobre el mundo digital de tus hijos, no te sentirás tan separado de sus vidas empapadas de tecnología.

Interésate en lo que hacen tus hijos en sus vidas digitales. Aprende junto con tus hijos. Juega Minecraft o comparte fotos en Instagram con ellos. Muéstrales lo que estás haciendo en línea y pídeles consejos sobre tus post de Facebook o tu perfil de LinkedIn. Tu meta no es volverte una experta en la tecnología, sino tener una ventana a la manera de pensar de tus hijos respecto a la tecnología y a cómo interactúan con ella.

PASOS PARA DAR LUZ VERDE A LAS APLICACIONES

No tienes que saberlo todo. Si tus hijos te piden una aplicación, estos pasos te pueden ayudar a evaluar si es algo que quieres permitir:

1. **Comienza por entrar poco a poco.** Invita a tu hija a que te cuente todo lo que sabe sobre la aplicación y que te explique por qué quiere instalarla (más allá de "todas mis amigas la tienen"). ¿Qué atractivo tiene para ella? ¿Cómo la usará? ¿Es una aplicación social? ¿Un juego? ¿Cuánta información personal se comparte? ¿Cuánta gente actúa en ese espacio? ¿Cómo hace sentir a la gente? Como requisito para descargar o comprar una aplicación, tú y ella se sentarán e interactuarán con la aplicación… juntas.

   Consulta a un "experto" local para que te aconseje. Este podría ser cualquiera: una niña mayor, la niñera, tu sobrina universitaria. Encuentra a un joven confiable que sea unos cuantos años mayor que tu propio hijo para que te lo cuente todo.

   También revisa mi página web (*raisingdigitalnatives.com*), *CommonSenseMedia.org*, y otros recursos en línea.

2. **Adéntrate más.** Invita a tu hija a explorar la aplicación para que puedas entender completamente el terreno en el que quiere entrar. También puedes hacer exploraciones por tu propia cuenta.

   Para juegos: Revisa el juego sin comprarlo. Juega con la versión de prueba, ve a YouTube y observa con tu hijo algunos videos en donde juegan con ese videojuego (*gameplay videos*) y lee las reseñas de los usuarios en Amazon.

Para las aplicaciones sociales: Revisa el canal de YouTube de Musical.ly o usa la versión de escritorio de Instagram o Snapchat para investigar esas aplicaciones. Trata de hacer búsquedas para encontrar monos, gatitos, a Justin Bieber o intenta con algo más travieso: ¿qué podría buscar tu hija de 12 años? Trata de conocer lo que está ahí afuera, pero no porque algunas importantes aplicaciones de redes sociales tengan pornografía en alguna parte des por sentado que tu hijo lo sabe cuando te pide permiso de abrir una cuenta. Lo más seguro es que quiera una cuenta para poder pasar el rato con sus amigos en este nuevo espacio social.

3. Involúcrate. Si estás pensando en darle el visto bueno después de haberla investigado, estas son algunas preguntas que puedes discutir con tus hijos:

- Pide a tu hijo que te muestre una cuenta o muro en la aplicación deseada que le parezca inapropiada y otra que le parezca inteligente y genial.
- Ponte a generar una lista con tu hijo de qué cosas hacer y qué no hacer en la nueva aplicación.
- Para una aplicación social, ¿cuáles son los criterios para conectarse con alguien?
- ¿Qué potencial tienen para provocar conflictos? ¿Te puede dar un ejemplo de cómo evitarlos?
- ¿Cuánto tiempo se le permitirá usar la aplicación y con qué condiciones?
- ¿Qué configuración de privacidad usará?
- ¿Es una condición de uso que comparta su contraseña contigo? ¿Debe ser tu amiga o darte permiso de seguirla?
- ¿Cómo decidirá qué compartirá y qué no?
- ¿Sabe cómo evitar geoetiquetarse y dejar un rastro de datos?

Entrar poco a poco, adentrarse más y luego tener una discusión honesta con tu hijo es una excelente manera de mantenerte al tanto de las aplicaciones que está usando y asegurarte de que lo que descargue sea seguro y divertido. Si la aplicación parece estar aumentando su estrés, le está restando a otros intereses (dormir, hacer la tarea, pasar el tiempo con la familia) o está teniendo otros efectos negativos, entonces es hora de reconsiderarlo.

Hay un montón de maneras de mantenerte informado sin tener que sacar una maestría en redes sociales. Haz que todos en la familia te muestren sus aplicaciones favoritas, a lo mejor en una especie de evento con una "presentación" familiar. Pasa un rato evaluando las aplicaciones con tu hijo en la tienda de aplicaciones o *App Store*. Busca algún truco tecnológico (eso que se conoce como *life hack* en inglés) que te ahorre tiempo y energía. Si una aplicación o juego es frustrante y tiende a poner a tus hijos de malas, pueden desarrollar una solución juntos (quizás evitando ese juego o incluso eliminándolo). O podrían planear usarlo solo cuando haya una zona neutral que les permita desahogarse después. Es una gran oportunidad para que hables de asuntos digitales con tus hijos, ¡al mismo tiempo que se divierten en familia!

Pídeles que te ayuden a abrir una cuenta de Twitter y busca y sigue a otra gente en tu campo. Muchos educadores se refieren a este modo de aprender de otros colegas en Twitter como una *red personal de aprendizaje*. ¿Cómo puedes poner el ejemplo de la noción de una red personal de aprendizaje para tus hijos? Explórala primero tú mismo para ver si hay alguna plataforma en particular que apoya tus intereses. Si tus hijos están usando Twitter o alguna otra aplicación social, puedes ayudarlos a seguir a personas con post que apoyan sus intereses.

Otra manera de cultivar conciencia digital es hacer una búsqueda en internet en donde uses tu nombre como palabra clave. Hazlo cuando no estés conectado a tu cuenta, para que puedas ver lo que ven todos los demás. Otra opción es fijar una alerta de internet (prueba con Google Alerts, por ejemplo: *google.com/alerts*) para buscar tu propio nombre, y el motor de búsqueda te hará saber cada vez que se te mencione en línea. No tiene nada de malo saber qué información está disponible sobre ti: podría sorprenderte. Seguramente, hay muchos detalles de tu vida en internet, desde procesos judiciales hasta el precio de tu casa.

Hacer este ejercicio con tus hijos puede mostrarles los problemas que conlleva nuestro *rastro digital*, tema que cubriré en mayor detalle en el capítulo 9. No ayudará que les des un sermón sobre la tecnología. Explorar juntos el mundo digital los ayudará a ver los obstáculos potenciales y, más importante aún, discutir en ambas direcciones. Tus hijos sentirán que están en esto *contigo*, que estás de su lado.

¡Tranquilo! No tienes que meterte por completo en la tecnología. Solo debes aprender lo suficiente como para entender el mundo de tus hijos e involucrarte con ellos.

SIENTE CURIOSIDAD: HAZ PREGUNTAS POR TU CUENTA

A medida que empieces a aprender más sobre el mundo de tus hijos, hazlo del modo más específico posible. Por ejemplo, ve si tus hijos pueden articular qué espacios, sitios y aplicaciones son útiles para distintos modos y categorías de comunicación o socialización. Pregúntales:

- ¿Por qué textear es bueno para hacer planes?
- ¿Qué áreas son las que más tiempo consumen?
- ¿Qué parte de textear parece generar conflictos?
- Si quisieras mantener algo más en privado, ¿dónde lo compartirías?

Indaga en lo obvio. No te hagas el que no sabe: solo diles que estás investigando un poco.

¡QUE NO CUNDA EL PÁNICO!

No importa qué estén haciendo tus hijos en línea o con sus aplicaciones, lo más probable es que no sea tan terrible como temes. ¿Y qué hay de todos los problemas de los que te enteras por medio de tus amigos o de las noticias? Todos oímos historias de horror sobre la manera en que internet, las redes sociales y los teléfonos inteligentes están echando a perder a nuestros hijos. La buena noticia es que los niños están más en control de lo que pensarías. Sí, necesitan tu ayuda y orientación, pero en general tienen nociones de lo correcto y lo incorrecto.

Pongamos de ejemplo el concepto *amistad*. Hablé con un grupo de niños de tercero de primaria y ellos sugirieron que un buen amigo *1)* debe ser amable, *2)* hacerte sentir bien cuando pasas tiempo con él, *3)* ser alguien en quien puedas confiar y *4)* ser alguien con quien sea divertido jugar. Cuando les pregunté qué es lo que hace que un amigo sea bueno para jugar videojuegos con ellos, sus respuestas fueron parecidas.

Los niños saben el tipo de persona que quieren ser. Cuando les pregunté qué caracteriza a alguien *no* bueno para jugar videojuegos, hablaron de los que hacen trampa, rompen tus creaciones y no pueden perder con dignidad.

Esas observaciones sugieren que los niños saben lo que están buscando y que sus amistades en persona moldean sus estándares y sus expectativas en las interacciones digitales. También es sorprendente cuánto saben de seguridad. Por ejemplo, cuando un extraño les pide que jueguen videojuegos con él —lo que es posible en muchos servidores, redes y plataformas en línea—, saben que no deben decir "No me permiten jugar con extraños" porque eso de inmediato revela que eres un niño. No obstante, algunos chicos serán mejores que otros para establecer y mantener los límites. Todas estas son oportunidades para la mentoría.

VIDEOJUEGOS SEGUROS

Si tu hijo está jugando videojuegos con desconocidos, es importante revisar las reglas que esperas que siga y reconocer que esos juegos involucran un espacio comunitario interactivo. Ya sea un juego en línea como Minecraft, un sistema de juego de consolas como PlayStation o Xbox, o alguna otra plataforma de juegos, los usuarios pueden charlar y conectarse. Tu hijo no deberá revelar su nombre y edad reales. Hay muchos sistemas de juegos en los que puedes chatear en privado. En algunos sistemas, es posible elegir quién escuchará al jugador: todos, amigos o nadie.

Sin duda, cualquier información específica que yo pudiera ofrecer sobre los sistemas de juegos habrá cambiado cuando este libro llegue a tus manos. Así que te recomiendo encarecidamente: *1)* habla con otros papás que tienen el sistema que está usando tu hijo, o cuyos hijos han jugado con estos juegos, para tener una idea de qué hay que vigilar; *2)* busca videos y artículos actualizados que sirvan de guía en temas de seguridad con ese sistema o juego en particular, y *3)* juega con tu hijo, o al menos pasa tiempo en su cuarto mientras está jugando, y con el juego audible para que puedas enterarte de con quién interactúa. Dale algunos ejemplos de situaciones en las que deben acudir de inmediato a ti (por ejemplo, si alguien le hace preguntas personales, quiere conocerlo en persona o utiliza lenguaje amenazador).

En general, observa su experiencia. ¿Tu hija se siente vigorizada por los juegos o estresada? ¿Parece ser algo que apoya sus intereses y amistades o está interfiriendo con ellos? Si algo no está funcionando para tus hijos o para tu familia en general, busca soluciones con ellos.

CRITERIOS PARA TOMAR DECISIONES

¿Te sientes aislada al tomar decisiones relacionadas con lo digital? No temas hablar con otros padres y comienza con gente que conoces bien. Pero, además, te animo a que hables con padres que no conoces tanto. Pregúntales qué opinan: puede ser útil obtener una perspectiva que no está formada dentro de la caja de resonancia de tu propio círculo social. Habla con otros padres de modo abierto y sincero, sin juzgar.

Es posible que a veces sientas como si hubieran conspirado para poner a los niños a hacer ciertas cosas (ya sea tener un teléfono inteligente o abrir una cuenta de Instagram) antes de que estés lista para que tus hijos den ese paso. Debes ir a tu propio ritmo, en vez de sentir como si estuvieras en la periferia o haciendo que tu hijo se sienta excluido.

Si quieres construir una comunidad con otros papás que estén concentrados en los retos de criar niños en la era digital, puedes formar un grupo de discusión en persona, en Facebook, o en otra plataforma... ¡es muy sencillo! Comienza con un pequeño círculo de amigos para que sea algo manejable, y luego expándelo si quieres. Por ejemplo, manda una invitación: "Estoy organizando una discusión en las tardes sobre los niños y la tecnología, y me encantaría que formaras parte de ella". Podrás postear preguntas para que todo el grupo vea, o puedes ayudar a responder preguntas de otros miembros. Como mamá y como profesional que trabaja con los padres, he descubierto que esta estrategia es increíblemente útil.

ENTRAR A LAS REDES SOCIALES POCO A POCO

Para los niños, las redes sociales son como un parque de diversiones: todos se entretienen y hablan a la vez. Para ellos, enviar mensajes es igual que hacer una llamada telefónica, solo que más fácil y menos molesto. Los juegos en línea son como los juegos de mesa normales. Las madres pueden abordar esta idea juzgando, o la pueden ver como lo que es: un mundo paralelo. Pero ese mundo sigue centrándose en crear conexiones con otros seres humanos.

Piensa en una parte del tiempo en pantalla de tus hijos de este modo: "quieren conectarse con sus amigos", en vez de "quieren usar su dispositivo". El dispositivo importa menos que el motivo. Te toca buscar más allá del dispositivo y ayudarlos a ser mejores amigos, mejores ciudadanos y mejores personas.

En vez de tratar de aprenderlo todo al mismo tiempo, intenta aprender una cosa a la vez. ¿Qué es lo más útil que hay que aprender de Snapchat o Instagram… en este momento? Quizá sea la configuración de privacidad. Quizá sea cómo poner la foto del perfil. No te sientas abrumado. Comienza con una cosa y ve aumentando gradualmente.

SE NECESITA UNA ALDEA

Si no te sientes para nada bien equipado como para echarte un clavado en las redes sociales o en el arenero de los videojuegos con tu hijo, trata de obtener un poco de ayuda. ¿Tienes algún colega o pasante que acabe de salir de la universidad? Esta persona podría ponerte al tanto de los temas básicos, para que entiendas bien lo fundamental.

O ¿tienes una sobrina que trabaja en relaciones públicas o redes sociales, o algún amigo joven de la familia que esté en la preparatoria o en la universidad y que le encanten los videojuegos? Si a tu hija lo que le gusta es Pinterest o Tumblr, ¿tienes alguna sobrina o sobrino que pueda ser su mentora? Estos amigos y familia pueden ser excelentes fuentes de información.

Según tu nivel de confort, es posible que hasta quieras invitar a la familia o amigos cercanos al arenero con tu hijo. Por ejemplo, si le das permiso a tu hija de 13 años de tener Instagram, tal vez le puedas dejar saber que su prima de 23 años también está ahí… y que la está siguiendo porque tú se lo pediste. Claro, es posible que también tú estés en Instagram, ¡pero esa prima está conectada durante más horas y es posible que esté más al tanto de las sutilezas!

Aunque no consigas a alguien que pase tiempo en los espacios sociales con tu hijo, puede ayudarte que nombres a una especie de chaperón como tu representante. Al pedirle a un adulto en el que confías que se asome a las actividades de tu hijo, tendrás un poco de perspectiva de lo que está haciendo "ahí dentro", lo que puede ser informativo y tranquilizante.

MANOS A LA OBRA

Reúnete con otros papás para compartir lo que saben y lo que necesitan aprender. No se concentren demasiado en aplicaciones específicas; mejor concéntrense en experiencias y categorías de interacción, como el *consumo de contenido* frente a la *creación de contenido*. ¿Cuál es la atracción de ciertas aplicaciones para los niños? ¿Qué experiencias han tenido los hijos de otros padres que hayan sido negativas, los hayan asustado o confundido respecto a sus dispositivos? ¿Sucedió algo inesperado? ¿Hubo algún contacto no planeado con alguna influencia negativa? De nuevo, la aplicación o el dispositivo podría ser parte de un reto mayor; pero, en vez de rechazar la tecnología categóricamente, necesitamos profundizar más. Pregúntales a los padres de los niños uno, dos o más años mayores que los tuyos cuáles han sido sus mayores sorpresas o sus rudos despertares durante las vidas digitales de sus hijos.

Finalmente, puedes acudir directo a tus hijos y sus amigos para consultarlos como expertos. Cómprales botanas y haz un grupo focal. Pídeles que te cuenten lo mejor y lo peor de un juego o de una aplicación social en particular. A los niños les gusta hablar de su mundo. Si sienten que estás genuinamente interesado, lograrás que se abran al respecto.

Ahora que ya te evaluaste a ti mismo y a tus creencias sobre la tecnología, "reiniciemos". Es hora de volvernos padres con inteligencia digital, gente que se acerca a la tecnología no con miedo, sino empoderada, gente que está cómoda con no saberlo todo y que se echará un clavado para aprender, gente consciente de los riesgos que la tecnología entraña pero en control de las herramientas. ¡Es hora de volvernos padres listos para mentorizar a los jóvenes nativos digitales y transformarlos en ciudadanos digitales plenos y realizados!

•

CUATRO

CÓMO SER PADRES TECNOPOSITIVOS

Si miras a tu alrededor, es posible que veas que la tecnología invade nuestro mundo en vez de mejorarlo. Estás en un restaurante, y hay una familia en otra mesa que usa la tecnología para mantener callados a los niños. Dejas a tu hijo de cuarto de primaria en la escuela y no puedes evitar notar que algunos de los niños de quinto y sexto grado, en vez de jugar o interactuar, están parados solos o en grupitos mirando sus teléfonos intensamente, con los rostros prematuramente preocupados. Parece como si se evitaran unos a otros.

¿Cómo aprovechar la increíble oportunidad que nos ofrece la comunicación global instantánea para hacer algo más que descubrir qué marca de ropa usan nuestros amigos, qué comen y a dónde fueron de vacaciones? En este capítulo ofreceré consejos para dirigir a tu familia hacia usos positivos de la tecnología y límites con los que te sientas bien. El uso de la tecnología con inteligencia digital hará que los miembros de tu familia se involucren unos con otros, animará a los niños a pasar de las actividades basadas en las pantallas y la tecnología hacia otras interacciones con el mundo y mejorará su ingenio frente a las aplicaciones que no hacen todo lo que ellos quieren.

En su libro *La generación app*, el profesor en educación Howard Garnder y la experta en medios Katie Davis delinean en sus investigaciones actuales sobre adolescentes y jóvenes adultos la relación de estos con las aplicaciones.[1] Es inconfundible la naturaleza transformadora de la vida mediada por las aplicaciones (por ejemplo, la revisión ortográfica en los documentos o trazar una ruta en el mapa), y también es sutil. Gardner y Davis describen dos maneras en las que los niños pueden relacionarse con el mundo por medio de las aplicaciones, y explican que deseamos que nuestros hijos estén "habilitados para las aplicaciones" y no que "dependan de las aplicaciones".[2] En mi opinión, deberíamos animar a los niños para que se extiendan más allá de la vida habilitada por las aplicaciones y que usen la tecnología como una herramienta para resolver problemas.

Cuando ayudes a tu hijo a aprender no solo a usar la tecnología, sino cuándo usarla y cuál es su mejor uso, estarás invirtiendo en su futuro. Un niño que ha utilizado la tecnología para apoyar sus metas y sabe cuándo relacionarse en persona y cuándo encontrar otras soluciones estará bien preparado para los retos de la vida.

Sin embargo, la ciudadanía digital no tiene que ver únicamente con la tecnología, y es ahí donde entras tú. En primer lugar, tenemos que asegurarnos de que estés lista. No podrás extraer ese potencial tan rico que tiene la tecnología si no tienes primero una apreciación plena de sus aspectos positivos. Nos tenemos que volver padres *tecnopositivos*.

¿Cómo son los padres tecnopositivos?

- Crean un ambiente tecnopositivo, que incluye la planeación de espacios y lugares desconectados.
- Piensan en su propia relación con sus propios dispositivos y reconocen que su comportamiento marca el tono para el resto de la familia.

---

[1] Howard Gardner y Katie Davis, *La generación app. Cómo los jóvenes gestionan su identidad, su privacidad y su imaginación en el mundo digital*, Barcelona, Paidós, 2014.

[2] *Idem.*

- Son un modelo de civilidad en su correspondencia en y fuera de línea con amigos, colegas, el maestro de sus hijos, etcétera.
- Crean límites claramente definidos, se adhieren a ellos y esperan que se adhieran otros miembros de la familia. El tiempo de tecnología no interfiere con el de desconexión.
- Enseñan y modelan el respeto por los límites de otra gente en el mundo digital, pidiendo permiso antes de compartir o postear.
- Inspiran una ética digital que muestra que es un desperdicio utilizar el increíble regalo de la conectividad para mirarse el ombligo, para la autopromoción o para obsesionarse por otra gente.
- Usan el poder de la tecnología para marcar una diferencia positiva en el mundo.

NO HAY QUE SUPONER LO PEOR

A los padres y mentores nos toca marcar el tono y crear el ambiente correcto para nuestros hijos, tanto en línea como desconectados. Una de las mejores maneras de hacerlo es partiendo de la suposición de que tus hijos quieren hacer lo correcto y que no siempre saben cómo hacerlo. Esta simple premisa abrirá nuevos modos de hablar con los niños sobre su mundo: sobre todo, desde sus interacciones sociales y juegos hasta sus retos y frustraciones.

Ese sentimiento abrumadoramente negativo que tienen muchos padres y educadores sobre los niños que "abusan" de la tecnología aparece una y otra vez en mi trabajo de campo, y por eso creo que es una de las barreras que más daño le hacen a la crianza tecnopositiva. La clave para una relación sana con tus hijos es tener abiertos los canales de comunicación, y las puertas se cierran cuando comenzamos a suponer que hay malas intenciones por parte del niño. Incluso la ligera suposición de que los niños solo están "perdiendo el tiempo" con la tecnología hace que sea difícil tener una conversación franca.

Los padres y educadores siempre logran más con los jóvenes cuando suponen lo mejor. Las intenciones de los niños suelen ser bastante básicas e inocentes: simplemente, quieren conectarse con los amigos, encontrar compañeros con intereses similares y comunicar sus identidades y sentimientos. La tecnología puede agregarles complejidad a estos deseos naturales, pero por eso mismo necesitan que los guíes. Y, por más extraño que pueda sonar, a menudo quieren tu ayuda.

PLANTEAR UN MARCO DE DISCUSIÓN

Tiene un efecto enorme sobre nuestros hijos cuando creamos y facilitamos redes de aprendizaje impregnadas de valores como la amabilidad y hablar positivamente. El mundo de las redes sociales podrá parecerles extraño a quienes no son nativos digitales, pero en realidad es muy parecido al mundo real. Si les enseñas a los niños a participar en su mundo digital de modo positivo y participativo, los efectos se extenderán a sus interacciones en casa, en la escuela y más allá.

Como regla, quieres asegurarte de que nada le quite las impresiones positivas a la gente. Decirle a tu hijo "Eres una buena persona y un estupendo amigo, y quieres que tus post reflejen esto" es mucho mejor que decir "No seas malvado". Si estás intentando corregir un asunto serio y este método optimista no funciona, a lo mejor es hora de ser más crítico, más directo. Tendrás que decidirlo según la situación; pero, por lo general, empezar por aplaudir un comportamiento deseado es mucho más efectivo que criticar el error.

CÓMO AYUDAR A LOS NIÑOS A DESARROLLAR INTELIGENCIA DIGITAL

Hay estupendas oportunidades de enseñanza a tu alrededor, en las mismas redes que habitan tus hijos. Un excelente modo de fomentar el discernimiento de tus hijos es lograr que aprendan a hacer sus propias evaluaciones críticas de los medios que utilizan. Pídeles que te muestren los perfiles digitales de otros niños y que identifiquen los que creen que son positivos y lo que no lo son. Pide que ellos los determinen y evita atar cabos por ellos.

Tus hijos no son los únicos que se beneficiarán de esta evaluación. Tú también lo harás. Este ejercicio ofrece una excelente visión de sus estándares y te da un punto de partida buenísimo como mentor. Podrás conocer sus valores, sus opiniones y sus criterios para juzgar. Por mis entrevistas con chicos de primero de secundaria, te puedo decir que a menudo los niños son muy críticos de otros niños.

Por supuesto, queremos que nuestros hijos tengan estándares para definir lo que compartirían o no, pero también debemos tener cuidado de que sus críticas no sean demasiado duras. Obviamente, no queremos que nuestros niños dañen o insulten a otros chicos. Aquí debe haber un equilibrio: debemos enseñarles a actuar con juicio pero también ayudarles a no juzgar a los demás. Los padres nunca deberíamos formular juicios malintencionados sobre las fotos de los niños. Podrías pensar que alguien intenta parecer un vándalo en alguna foto, pero es mejor preguntar a tu hijo «¿Qué impresión crees que está tratando de dar?», y dejar que él discierna los resultados por sí mismo. Sin duda, puedes decir que no es buena decisión compartir fotos como esa, pero no juzgues el carácter de ese niño (o el de sus padres) frente a tu hijo. Mejor discute con empatía los inconvenientes de la autorrepresentación, ayudando a marcar los límites con claridad. Por ejemplo, podrías comentar: "A veces la gente siente que necesita generar *mucha* atención y reacciones ante una foto, y con esa sensación podría ser un reto tomar decisiones inteligentes".

LAS CONSECUENCIAS PUEDEN SER UNA PISTA

En algunos casos, los mismos niños pueden decidir cuál debería ser la consecuencia negativa de un traspié digital. A veces la experiencia misma ofrece su propia consecuencia. Por ejemplo, los amigos se enojan cuando un amigo comparte algo que ofende a los demás. Es posible que los padres no necesiten agregar más consecuencias; en una situación así, podría ser más útil mentorizar a tu hija sobre cómo hacer las paces con sus amigas.

Cuando una escuela me invitó para una consulta después de un tropiezo en las relaciones de quinto grado que involucraba el intercambio intencional de desnudos (¡sí, puede suceder aun siendo tan jóvenes!), estaban considerando suspender a todos los estudiantes que reenviaron la imagen. En ese incidente, la vergüenza pública que sufrió el niño de 11 años de la foto seguramente fue un castigo más que suficiente. En vez de castigar a los estudiantes, las escuelas pueden mentorizar a los niños, enfocándose en enseñarles a no reenviar ese tipo de imágenes, en especial cuando el sujeto de la imagen no ha dado su claro consentimiento. Para los compañeros que malintencionadamente reenviaron la imagen, podría haber sido apropiada alguna consecuencia, pero incluso para ellos un poco de educación reflexiva y una mentoría guiada ofrecen la mejor oportunidad de corregir su comportamiento.

¿Cómo hablar con tus hijos sobre las consecuencias potenciales de los errores y prepararlos para esos asuntos a medida que surgen? Concéntrate en el hecho de que tu hijo quiere ser un buen amigo y quiere que lo perciban así. Pregúntale: ¿qué hace una buena persona o un buen amigo? Si eres un maestro o un administrador de la escuela, y todas tus políticas suenan a que estás vigilando a los niños y a que das por sentado que harán lo peor, ¿cómo se siente? ¿Cómo se siente cuando tu empresa monitorea tu correo electrónico, por ejemplo? Idealmente, las escuelas y padres deberían marcar las reglas de modos positivos.

PENSAR FUERA DEL TIEMPO EN PANTALLA

Cuando etiquetamos todo el uso de la tecnología como *tiempo de pantalla*, no logramos trazar la crucial distinción entre la creatividad y el consumo. Sin duda, el uso de la tecnología es un continum. Por ejemplo, ver un programa de televisión significa consumir pasivamente, pero ¿qué diríamos de mirar un video de YouTube para aprender a jugar Minecraft? ¿Y qué hay de *hacer* un video de YouTube sobre cómo jugar Minecraft? ¿Y qué pasa con un blog de Tumblr (o de cualquier blog, en realidad) poblado de contenidos originales? Todos estos son matices en el arcoíris de la participación.

Para muchos de nosotros, las redes sociales son (principalmente) un ejercicio de consumo: miramos fotos, videos y otros enlaces que compartieron nuestros amigos y familiares. Pero para otros, las redes sociales son una válvula de escape para la creatividad. Ofrecen una oportunidad de hacer cosas, mostrar la creatividad, obtener retroalimentación, compartir y aprender. Estas experiencias son valiosas y no hay ninguna diferencia con otras actividades similares en el mundo análogo.

No todo el tiempo en pantalla se creó igual. Así que pensemos de modos distintos sobre los límites del tiempo en pantalla: por lo menos, alejémonos de los límites de tiempo absolutos e inamovibles. Por ejemplo, ¿tu hija está componiendo una canción por medio de GarageBand o se está dando un atracón con series de Netflix? Estos atracones pueden tener su lugar (si estás resfriado o si los vuelves una actividad familiar), pero yo pondría distintos límites de tiempo para estas dos actividades tan diferentes.

Una manera de ayudar a tus hijos a transitar del consumo a la creación es sugerirles que creen una parodia de sus programas favoritos (o menos favoritos). O los puedes animar a que hagan su propio libro por medio de Book Creator, o que produzcan su propio programa por medio de algún software sencillo para la edición de videos.

Comparte con tus hijos la idea de pertenecer y contribuir a la comunidad. Existen comunidades compartidas para todo lo que se te pueda ocurrir, incluyendo tejer, cocinar comida griega, jugar Minecraft, etc. ¿Y tú qué puedes aportarle a tu comunidad? Como mentor, puedes servir de ejemplo para la idea de una participación sana en una comunidad digital o del mundo real. ¡Esa es la ciudadanía digital!

CÓMO PROPICIAR EL ÉXITO DE LOS NIÑOS

¿Cómo puedes impulsar a tu hijo a aprovechar las vastas posibilidades de internet? A los padres y mentores nos toca introducir oportunidades para que se involucren de modos significativos. Muéstrale a tu hijo un diario de otro país o sugiere que todos los miembros de la familia busquen un artículo de periódico que represente una perspectiva distinta a la suya. Leer algo con lo que no estás de acuerdo es una excelente manera de desarrollar empatía y respeto por las perspectivas de los demás. Deja que tu hijo sepa que estar expuesto a otras ideas no significa que tengas que cambiar de opinión: no se trata de eso. Con esta actividad, le estarás dando a tu hijo una ventana a otra opinión, la cual puede ser valiosa para ayudarle a formar las propias.

Otra idea es hacer que tu familia investigue las siguientes vacaciones familiares juntos. Un niño de cuarto de primaria puede revisar los museos o los senderos naturales cerca de tu posible destino, o uno de sexto podría calcular el kilometraje y crear un presupuesto para la gasolina que se necesitará en el viaje. Todos los miembros de la familia pueden disfrutar de trazar la ruta que va del punto A al punto B, y encontrar lugares divertidos para hacer una parada en el camino. Quizás a tu hijo se le antoje crear un blog, Tumblr o alguna transmisión en redes sociales dedicada al viaje.

EL PODER DE LAS AUDIENCIAS AUTÉNTICAS

Uno de los aspectos emocionantes de la posibilidad de compartir gracias a la tecnología es que nuestro trabajo puede llegar a audiencias más auténticas. Estas audiencias no tienen que ser enormes, incluso pueden ser bastante pequeñas. Lo importante es que estén interesadas en nuestro proyecto o proceso.

Estos emprendimientos creativos son mucho más que ocupaciones sin sentido. Puede ser que tu hija esté aprendiendo a escribir y esté afinando su oficio en un espacio digital con un público pequeño pero entusiasta y receptivo. ¡Qué tremendo modo de aprender a escribir! Es posible que tú tengas un blog o Tumblr que hable de la adopción o de recetas que creaste. A lo mejor solo lo lean 12 personas, pero a ellos les importa.

Como experiencia es distinto producir contenidos para un público que escribir un ensayo para la clase de literatura. Para nuestros hijos, escribir tareas que solo lee un maestro los involucra mucho menos que crear contenidos que pueden compartir con los compañeros de clases y otras personas. Al llegar a la secundaria, si no es que antes, el trabajo ya puede formar parte de un portafolio digital público.

ALIENTA LA COLABORACIÓN

Crear partes de un todo puede ser un gran ejercicio para tus hijos. Una de las enormes ventajas de las creaciones digitales es que las herramientas promueven la colaboración. Pero ¿cómo puede tu familia usar tales herramientas de colaboración? Es posible que ya trabajes de forma colaborativa en tu oficina: ¿por qué no en casa también? Así les enseñarás habilidades críticas a tus hijos.

Un modo sencillo de comenzar es crear un calendario compartido de Google. Prácticas de futbol, visitas para ir a jugar con los amigos, actividades de recaudación de fondos, ensayos para la obra de teatro de la escuela: a veces parece que lo único que hacemos es correr de una actividad a otra. Un calendario compartido enseñará responsabilidad, rendición de cuentas y gestión del tiempo. Quizá no quieras darle inmediatamente privilegios de edición a tu hijo en el calendario compartido, pero trabajar juntos para crear un horario viable es una excelente habilidad. Un estudiante de secundaria puede (¡y probablemente debe!) tener su propio calendario.

SACARLES MÁS PROVECHO A LOS JUEGOS

Los juegos son un modo poderoso de reunir a las familias. Los típicos juegos de mesa son tradicionales, pero los juegos digitales interactivos tienen el potencial de ser tan poderosos como sus homólogos análogos. Para mantener a los niños involucrados y emocionados, considera elegir una noche de juegos familiares una vez por semana, alternando juegos en y fuera de línea cada vez. Permite que tu hija te presente su juego favorito y ve qué te gusta. Puede ser mucho más divertido de lo que pensabas jugar Cut the Rope (Corta la Cuerda), Agar.io o Minecraft.

Abundan las oportunidades creativas. Exhorta a tus hijos a diseñar sus propios juegos o a mejorar los que ya tienen. Los niños que no están listos para el diseño de videojuegos pueden hacer un prototipo de la acción en papel. Es un modo estupendo de ponerlos a pensar en cómo mejorar la vida cotidiana por medio de la tecnología. Haz que diseñen distintas versiones de su aplicación o juego favoritos.

Pídeles que te muestren cómo se juegan los juegos que les gustan, y juega con ellos a veces. Los juegos colaborativos tienen un beneficio oculto para los padres: participar con tus hijos en sus juegos —y observarlos interactuar con otros— te abre una estupenda ventana a su mundo. Te toca experimentarlo por ti mismo. Por supuesto, esto requiere tomarte el tiempo para aprender lo suficiente sobre los intereses de tus hijos como para poder involucrarte en los juegos que los apasionan. En mi experiencia trabajando con los padres, vale la pena esa inversión de tiempo. Simplemente no hay nada que sustituya la perspectiva que puedes tener como participante.

Si tus hijos comenzaran a jugar ajedrez o futbol americano y no supieras cómo jugar, ¿no aprenderías más de estos juegos para poder entender sus experiencias? Lo mismo sucede con los juegos digitales … ¡así que éntrale y ponte a jugar Minecraft! Prueba el *modo supervivencia* para entender la parte básica y el *modo creativo* si quieres ver los mundos digitales que otros niños están creando. Juega con tus hijos a veces, y obsérvalos. Conoce lo que está en juego en su mundo de videojuegos.

También es importante entender algunos beneficios de los juegos interactivos. Los niños pueden aprender a solucionar conflictos, evaluar las fortalezas de un equipo y dividirse el trabajo. En algunos juegos, los niños reparten los roles basándose en las fortalezas de cada jugador. Si juegas Clash of Clans con ellos, ¿qué significa formar parte de un clan con tus hijos?

Claro, el hecho que los niños jueguen juegos interactivos con desconocidos presenta retos y es una de las principales fuentes de temor para la mayoría de los padres. Idealmente, los niños de 12 años o menos deben jugar con conocidos. Algunas escuelas o grupos de familias arman sus servidores individuales de Minecraft para que los niños jueguen juntos sin que los papás se tengan que preocupar de que estén interactuando con adultos desconocidos. Si quieres armar un servidor como esos y necesitas ayuda, ponte en contacto con la persona de tecnología de la información (TI) en la escuela de tu hijo (o incluso en alguna universidad local) para que te recomiende a algún estudiante de preparatoria o universidad que te ayude. No es difícil organizar un servidor privado y la tranquilidad que conlleva vale la pena.

A veces las dinámicas del juego ayudan a expander las interacciones. Los maestros me han contado que hay niños que agrandan sus círculos sociales al jugar juegos como Minecraft con niños con los que no se relacionaban antes. Es positivo que para algunos niños estos juegos abran nuevos caminos para hacer amistades.

Por otro lado, los maestros de cuarto, quinto y sexto grado han compartido historias conmigo sobre conflictos que surgieron en los juegos, que pueden extenderse hasta el tiempo de clases y, a veces, continuar a lo largo del día. Aunque los estudiantes de primaria pueden (y deben) aprender a solucionar solos disputas interpersonales ellos, es importante que te mantengas en contacto con la maestra de tu hijo si han estado surgiendo conflictos durante el día escolar causados por los juegos en línea. Necesitas apoyar las interacciones de tu hijo dentro de la comunidad, en especial cuando afecta otra esfera, como la escuela.

Una maestra describió una reunión con los padres de sus alumnos ávidos de Minecraft, en la que algunos de los papás estaban furiosos de que los hubieran llamado, ya que consideraban que estos juegos forman parte de la vida privada de sus hijos. Si eres una mamá en una situación así, intenta ser cortés con los maestros, ya que probablemente están detectando una oportunidad para hacer mentoría social fuera de las horas de clase. También recuerda que, aunque tu hijo esté madurando, puede haber algún niño más vulnerable que necesite ayuda.

HABLAR CON LOS JÓVENES JUGADORES

Jonathan y Elliot, dos niños de quinto grado, pasaron una tarde conmigo explicando su relación con Minecraft y con otros juegos que se llevan a cabo en un servidor público. Uno de los niños estaba ocupado construyendo parques y edificios (con Minecraft) en su barrio. Es impresionante la extensa familiaridad de estos niños con las opciones y distintos modos de juego. Tanto para los niños como para los adultos es atractivo tener tanto control sobre el diseño del mundo en el que juegas.

A estos dos niños y a sus padres les parece que los videojuegos se mezclan muy bien con la amistad, las tareas, la vida familiar y las horas de sueño. La mamá de Elliot aclara que el tiempo de juego depende de que él cumpla con otras obligaciones: tiene que haber terminado su tarea y haberse encargado de sus quehaceres y responsabilidades en el hogar antes de poder jugar. Lo que más me asombra es el orgullo que sienten los niños por su cúmulo de conocimientos y habilidades, además de su camaradería al jugar juntos.

CRITERIOS PARA ESCOGER APLICACIONES

Marina Umaschi Bers es profesora e investigadora de juegos en la Universidad de Tufts (¡échale un ojo a su fabulosa charla TEDx!).[3] Me cautiva su idea de los *parques de juegos* frente a los *corralitos de juego* (en inglés, *playgrounds vs. playpens*). Me descubro usando esta metáfora cuando tomo mis propias decisiones al escoger aplicaciones y experiencias que quiero compartir con mi hijo y me atraen las aplicaciones que fomentan la creatividad y tienen posibilidades más libres. Bers señala (y yo estoy de acuerdo con ella) que muchas experiencias tipo corralito (por ejemplo, las aplicaciones de tarjetas mnemotécnicas) son inocuas, pero no les ofrecen a los niños la oportunidad de crecer corriendo riesgos y aumentando su autonomía y maestría.[4]

A los educadores (¡y a muchos padres también!) les emociona ver a los niños aprender a programar, y tienen razón. Se pueden encontrar muchas lecciones guiadas en recursos como Scratch (específicamente, para niños pequeños) y Codeacademy, y aprender a escribir un código sencillo les da a los niños un pizarrón en blanco para crear y explorar. Bers demuestra que "programar es la nueva alfabetización" y propone que deberíamos comenzar la educación CTIM (ciencia, tecnología, ingeniería y matemáticas, conocida también como STEM por sus siglas en inglés) cuando los niños todavía son pequeños, antes de que internalicen los estereotipos sobre los tipos de niños que son "buenos" o no en los campos de la CTIM.

Los corralitos se diseñaron para restringir a los niños a zonas pequeñas o a una serie definida de actividades: limitan los riesgos, pero también el aprendizaje. En cambio, el ambiente de los medios digi-

---

[3] Marina Bers, "Young programmers-think playgrounds, not playpens", *TEDx Jackson*, 15 de noviembre de 2015.

[4] Marina Umaschi Bers, *Designing Digital Experiences for Positive Youth Development: From Playpen to Playground*, Nueva York, Oxford University Press, 2012, p. 29.

tales —en especial en juegos como LittleBigPlanet o Minecraft— se parecen más a un parque de juegos. Puede haber oportunidades de colaborar, lo que no siempre es fácil. En juegos como estos, los niños diseñan su propio mundo y deciden cómo jugar. Al igual que en los parques de juegos de verdad, los parques de juego digitales implican cierto riesgo, incluyendo la frustración, la desilusión o las interacciones negativas con otros niños. ¡Pero también ofrecen retos positivos y la posibilidad de aprender!

Permitir que tus niños visiten el parque de juegos digital exige que cedas un poco el control; pero, en mi experiencia, vale la pena por las recompensas. Así podemos usar esta metáfora para las aplicaciones y los contenidos mediáticos:

- Elige aplicaciones que animen a tu hijo a conectarse con otros.
- Considera los juegos que alienten la cooperación y la colaboración para la solución de problemas.
- Busca juegos que animen a los niños a crear, no solo a jugar. Hay muchos juegos que permiten que los chicos personalicen y creen personajes, niveles o ambientes.
- Haz lo posible por encontrar juegos que construyan empatía.
- Trata de encontrar juegos que no sexualicen a los personajes y avatares femeninos.

¿Cómo puedes encontrar juegos así? Para empezar, pregúntales a los niños ligeramente mayores cuáles son los mejores juegos y por qué. En mi experiencia, ¡los chicos de sexto grado tienen opiniones muy claras de por qué un juego podría ser bueno o no para los niños de segundo grado! También revisa blogs como *Cool Mom Tech*, *Media Macaroni* de Amy Kraft y *Geek Dad* (en inglés). Si quieres ver videos de Minecraft que no contengan lenguaje inapropiado, revisa este sitio estupendo, con la curaduría hecha por niños: Clean Minecraft Videos (cleanminecraftvideos.com).

¿CUÁNTO LOS QUIERES LIMITAR?

En pocas palabras, los juegos son divertidos. Los niños se pueden enredar en un mundo y sumergirse en el juego y sus interacciones sociales. Es tan grande el atractivo que a menudo se obsesionan o vuelven adictos a un juego, o bien dejan de tener buen juicio por estar tan inmersos. Es comprensible que esto cause fricciones familiares.

Hay dos tipos de límites: de tiempo y de contenidos. Ya hablamos de los límites de tiempo en pantalla, pero ¿qué deberías hacer cuando sientes que el contenido de cierta aplicación o juego es inapropiado para tu hijo? Veo a padres que instintivamente intentan aplicar los controles usando el dispositivo, poniendo contraseñas o instalando "aplicaciones niñeras". Aunque algunos dispositivos móviles se pueden configurar para restringir los contenidos, no confíes demasiado en estos controles automáticos. Son instrumentos poco sutiles y falibles, y además podrían bloquear contenido muy bueno.

En vez de bloquear lo que te preocupa, involucra a tus hijos en el pensamiento creativo y en la crítica social de los juegos. Tomemos por ejemplo a Grand Theft Auto. Pregúntales a tus hijos por qué creen que está bien jugar un juego que se trata de robar coches. O puedes partir de la postura de que reconoces que ellos saben que está mal robar coches, pero que a veces es divertido simular cosas que nunca haríamos. Estas son conversaciones importantes que debes tener con ellos.

Intenta comprender los placeres y retos inherentes a distintos juegos. Lo que en realidad buscas es minimizar las dificultades de establecer límites: cuando entiendas las motivaciones de tus hijos —y ellos entiendan tu perspectiva—, estarás en mejor posición para gestionarlos sin una batalla.

GUSTOS Y ELECCIONES

Si a mi madre no le gustaba algo que a mí sí, solía criticar mi gusto. Tomando en cuenta las horas que pasaba viendo pésimos programas de televisión, no la puedo culpar por juzgarme así. Los padres podemos intentar influir sobre los gustos de nuestras hijas en los medios, libros, música o comida; pero, a fin de cuentas, no los podemos controlar. A continuación, algunas maneras pragmáticas de ir más allá de los medios y su menú chatarra, y cultivar, en cambio, el pensamiento crítico en tus hijos, sin socavar sus elecciones o insultar sus gustos.

Tu mejor oportunidad para influir en tus hijos es cuando son pequeños. ¿Te encantó la película de *Los Muppets*? Lo más probable es que a ellos también. ¿Te gustan los Beatles? ¿Johnny Cash? ¿Madonna? Es tu oportunidad de iniciar a tu hijo. Utiliza Netflix, iTunes y YouTube para presentarles a tus hijos los increíbles medios de nuestro pasado. Cuando murió Pete Seeger, mi hijo estaba deshecho, y se escandalizó un poco de que sus compañeros de clase no supieran quién era. ¡Adoctrinamiento casero exitoso!

Puede ser muy difícil mantenerse al día con los últimos programas de televisión, aplicaciones y juegos para niños. ¡Deja que alguien más lo haga por ti! Sigue a los blogueros que realizan evaluaciones críticas de aplicaciones, espectáculos y juegos para niños. Hay dos que me encantan: Media Macaroni (mediamacaroni.com) y GeekDad (geekdad.com), pero hay muchos otros estupendos. ¡Quizás hasta puedas comenzar tu propio blog basado en lo que aprendas!

Usa las redes sociales para ponerte en contacto con tu comunidad sobre las mejores y peores aplicaciones que hay por ahí. Lamentablemente, hay mucha basura, pero también hay verdaderas joyas.

OPORTUNIDADES PARA NIÑOS CON RETOS SOCIALES

Aunque no lo parezca, pese a su complejidad, las redes sociales son plataformas que pueden brindar cierta ayuda para niños con necesidades especiales o retos sociales. Los niños que están aislados se pueden encontrar unos a otros en las comunidades de intereses compartidos en línea. Pueden formar vínculos que podrían ser más difíciles si intentaran hacerlos en persona. La naturaleza asincrónica y performativa de las redes sociales puede ofrecerles más tiempo para presentarse sin incomodidad, y esto aumentará enormemente la confianza de aquellos a quienes les está costando trabajo encajar con sus compañeros. Por medio de las redes sociales y otras herramientas digitales, puedes:

- Compartir tus experiencias y relacionarte con otros padres y familias.
- Usar Meetup (o espacios similares) para ayudar a los niños que tienen intereses en ciertos nichos a encontrar una comunidad de intereses compartidos, como por ejemplo juegos, pasatiempos, manualidades, etc. Por supuesto, asegúrate de acompañar a los niños a cualquier encuentro que vayan a tener en persona, y quizá también a los que se llevan a cabo en línea, en especial si los niños son más pequeños.
- Busca aplicaciones para niños con necesidades especiales. Una que podría funcionar para familias con o sin necesidades especiales es la aplicación Choiceworks, que se puede personalizar muchísimo y que ayuda a los niños a ir palomeando artículos en una lista. A algunos niños les encanta deslizar el dedo por la pantalla para eliminar las tareas completadas. Esta aplicación puede ser muy útil si tu hijo es de los que se tardan en hacer las tareas o si te estás esforzando por que desarrolle independencia para sus cuidados personales.
- Pídeles a los maestros de tu hijo que tomen fotos o videos o que graben audios de las actividades del día. Decidan hacerlo o no, es un modo de descubrir más sobre el mundo de tu hijo, en especial si no habla mucho.

Las redes sociales presentan algunas consideraciones particulares para los padres de niños con necesidades especiales. Por ejemplo, cuando tu hija tenía 3 años podría parecerte que revelar su diagnóstico en las redes sociales es un excelente modo de conseguir apoyo para los retos que enfrenta, pero es posible que no aprecie ese tipo de franqueza cuando tenga 20 años y esté asistiendo a entrevistas para conseguir trabajo.

¿YA ERES UN PADRE O UNA MADRE CON INTELIGENCIA DIGITAL?

Espero que este capítulo te haya ayudado a restablecer tu perspectiva. Tal vez ya eras un padre de familia con actitud positiva hacia la tecnología, y la información de este capítulo simplemente reafirmó tu postura. O tal vez sientas ansiedad por la manera en que tus hijos se sumergen en todos los aspectos de la tecnología y quieras entender su mundo. Toma tiempo asumir una nueva perspectiva de las interacciones digitales. No se puede esperar que hagas muchos cambios y todos a la vez: da pequeños pasos cada día para ir transformando tu mentalidad. Será más fácil para ti sentir empatía por tus hijos y tener una comprensión más profunda de su mundo digital.

Hazte las siguientes preguntas para hacer una autoevaluación tecnopositiva:

- ¿Fomentas un ambiente tecnopositivo en el hogar?
- ¿Entiendes internet como algo extremadamente positivo siempre que se use del modo correcto?
- ¿Utilizas la empatía y evitas hacer juicios apresurados del uso tecnológico de tus hijos?
- ¿Modelas el uso responsable de los dispositivos para tu familia?
- ¿Ofreces oportunidades para la creatividad con la tecnología?
- ¿Juegas algunos de los juegos digitales de tus hijos?
- ¿Las reglas sobre la tecnología de tu casa aplican para ti y no solo para tus hijos?
- ¿Fijas límites claros sobre los tiempos de uso de la tecnología y los tiempos sin conectarse?
- ¿Has reducido (o eliminado) las batallas sobre los límites de tiempo con la tecnología y la restricción de contenido?
- ¿Le pides permiso a tu hijo antes de postear fotos suyas?
- ¿Puedes demostrar, e incluso defender, el verdadero potencial de la conectividad?
- Por último, ¿estás usando la tecnología para crear una diferencia positiva en el mundo?

Ahora que evaluaste tu propia alfabetización digital, es hora de empezar a poner en práctica tus conocimientos.

CINCO

LA MEJOR APLICACIÓN ES LA EMPATÍA

Ahora que eres una madre de familia tecnopositiva, con una actitud positiva hacia la tecnología, estás lista para emprender el camino a ser una mentora de medios. Pero ¿eso cómo sería en la práctica? ¿Cómo puedes mantenerte fiel a tus propios valores y aplacar tus preocupaciones, al mismo tiempo que le brindas apoyo a tu hijo?

En este capítulo, hablaré de las maneras en las que puedes usar tu propia curiosidad y sabiduría para llegar a un espacio de empatía con tu hijo —y con otros niños— que está creciendo en nuestro mundo, que siempre está encendido y conectado. Esto no tiene que ver con simplemente dejar que tus hijos hagan lo que quieran; más bien, quiero ayudarte a tomar decisiones que tengan sentido para tu familia desde una perspectiva conectada, en lugar de una perspectiva moralista.

LA CURIOSIDAD ES LA CLAVE DE LA COMPRENSIÓN

Primero, hay que sentir *curiosidad*. Piensa en tu hija, o en cada niño de tu familia, y en todas las cosas que se supone que deben hacer en cierto día (o semana). Considera su día de escuela, su tarea, actividades extraescolares, tiempo con los parientes, tareas en el hogar, las comunidades religiosas o sociales en las que participa y cualquier cosa que necesite practicar (instrumento musical, gimnasia, etc.). Luego piensa en cómo los dispositivos y la conectividad entran y salen durante el día.

Si lo evalúas rápidamente, ¿qué ves? ¿Tu hija está en línea temprano por la mañana, antes de que despiertes? ¿Revisa sus mensajes en cuanto sale de la escuela? ¿Te llama desde su teléfono y habla contigo mientras camina a casa desde la escuela? Piensa en el propósito de estos momentos. ¿Enviar mensajes es una manera de conectarse con los amigos que no puede ver? ¿Ver el programa de televisión es un modo de relajarse? A veces estos momentos no producen los resultados que nuestros hijos buscan. Lo mismo les ocurre a los adultos que usan las redes sociales para descansar: no siempre es algo relajante.

También pregúntate si la actividad que tu hijo quiere hacer es tan atractiva como para ponerla como prioridad en cualquier momento. Por ejemplo, ¿es tan cautivadora una aplicación social o un juego en línea que tu hijo parece obsesionarse con él? ¿Es frustrante? A fin de cuentas, quieres entender las motivaciones de tu hijo y desarrollar mucha curiosidad por su mundo. Esto te pondrá en una mucho mejor posición para mentorizarlo.

MOTIVACIONES Y AMBIENTES

Justo como sucede en tu vida, la de tu hijo está llena de estrés social y físico. A algunos niños les cuesta más trabajo que a otros lidiar con el estrés. Y el estrés es distinto para cada niño. Por ejemplo, si sabes que tu hijo nunca se puede acabar el almuerzo durante el recreo —que es demasiado breve—, entonces sabes que llega a casa o a sus actividades extracurriculares hambriento y sin energía. Los niños mayores que tengan más conciencia de sí mismos son capaces de reconocer esto, pero es posible que los más pequeños no se den cuenta de que tienen hambre o sueño o que necesitan ayuda, y eso los puede llevar a tomar malas decisiones. Cuando estás que te mueres de hambre, un tentempié enorme y nada sano puede resultar atractivo. Y, como en el mundo real, es difícil tomar decisiones positivas relacionadas con las actividades digitales cuando te sientes con baja energía.

Cuando revises la semana en relación con el uso tecnológico de tu hijo, es posible que encuentres cosas que te parezcan estremecedoras:

quizá no tengas problemas con Minecraft, pero no te gusten sus hábitos de YouTube; quizá te agrada el grupo de estudios de tu hijo en Google Hangouts, pero no soportas su programa favorito de Netflix.

Trata de ver tus preocupaciones con franqueza. Digamos que tu hija está empezando a recibir atención de los chicos y que parece que eso la emociona y la pone nerviosa. ¿Cedería si un chico le solicita mandar una foto reveladora? ¿Se la enviaría creyendo que es una buena manera de coquetear? No asumas lo peor, pero tampoco creas que no podría ocurrir un incidente serio. Cuando están solos con sus dispositivos, muchos chicos hacen cosas que jamás harían si estuviera alguien más en el cuarto con ellos.

Hay muchos ejemplos de chicos que toman decisiones impulsivas. Se han vuelto comunes las historias de escándalos de *sexting* o mensajes sexuales entre alumnos de secundaria en las que casi todos los estudiantes de la comunidad escolar tienen desnudos en sus teléfonos. Por ejemplo, en los principales medios salió la noticia de la manera en que se compartieron desnudos e imágenes sexuales entre los estudiantes de secundaria de Cañon City, Colorado.[1] Cuando los entrevistaron, los chicos de Cañon City sugirieron que era una práctica común compartir desnudos, tanto suyos como de otros estudiantes. Antes de reaccionar, haz una pausa, y en vez de sentirte asqueado, trata de imaginarte lo que es ir hoy a la secundaria: algunos chicos envían desnudos como parte de sus rituales de coqueteo y noviazgo. ¿Estás seguro de que tú no lo habrías intentado?

¡Está perfecto reaccionar con firmeza! Igualmente, por supuesto, está bien establecer límites o prohibiciones. Después de todo, tú eres su madre. Pero trata de entender qué es lo que motiva a los niños. Tu habilidad de mentorizar es más fuerte si entiendes las *razones* por las que los niños hacen las cosas.

---

[1] "When a school has a sexting scandal", *Note to Self,* WNYC, recuperado el 30 de enero de 2016, http://www.wnyc.org/story/why-care-about-sexting/

CÓMO PUEDES SER UN MODELO DE EMPATÍA

La empatía comienza contigo. Los papás deberíamos sentir mucha más empatía por nosotros mismos de la que muchas veces sentimos, y debemos tener más empatía con quien comparte la crianza con nosotros, así como con otros padres. Es realmente difícil criar niños en este mundo tan desquiciado. Juzgamos con rapidez, tanto a nosotros mismos como a otros padres, ya sea a la mamá del parque de juegos que está con el iPhone en vez de estar mirando a su hija con ojos de adoración, al padre que le da un dispositivo a su hijo a una edad que no es la que escogeríamos nosotros o al que manda a su hijo con un almuerzo que jamás prepararíamos. Necesitamos sentir empatía por el contexto de sus decisiones. Un miembro de la familia de ese papá podría estar enfermo, o quizás esté experimentando una crisis en el trabajo; esa mamá podría estar al teléfono con el trabajador social del niño. No siempre sabes lo que le está sucediendo a otra gente, y es posible que tampoco estés reconociendo lo que te sucede a ti. Cuando mi propia familia ha tenido que soportar mudanzas estresantes, problemas financieros y cambios de trabajo o escuela, las cosas en casa no han estado tan sólidas como cuando nos sentimos más estables. Sé el mejor papá o mamá que puedas ser ese día, y ten conciencia de que es posible que lo hagas mejor otro día, pero que siempre estás haciendo tu mejor esfuerzo. Así que piensa en las distintas direcciones a las que debemos dirigir nuestra empatía. Tenemos que cultivar:

- Empatía por otros padres
- Empatía por los niños
- Empatía por los maestros
- Empatía por nosotros mismos: ¡es difícil ser padres!

Trabajamos la empatía que sienten nuestros niños por los maestros cada vez que les recordamos que no los llenen de comunicaciones innecesarias en su tiempo libre. Si tu hijo no apuntó la tarea, se la puede pedir a algún amigo.

Finalmente, recuerda lo difícil que puede ser para tus hijos lidiar con la constante presión de conectarse y con la interminable comparación (las vacaciones, la fiesta de cumpleaños, incluso la familia) con lo que otros niños postear. Al reconocer que lo entiendes, te alineas con tu hijo y te posicionas como un mentor confiable.

CÓMO ENCONTRAR OPORTUNIDADES PARA SER UN MODELO DEL BUEN COMPORTAMIENTO

Cuando éramos niños, muchos de los medios de comunicación eran públicos o semipúblicos. Por ejemplo, podíamos oír a nuestros padres o hermanos cuando hablaban por el teléfono principal de la casa, y a desconocidos en los teléfonos de paga. También aprendimos el modo correcto de contestar el teléfono y de ponerle fin a una conversación telefónica. A partir de estas interacciones, también aprendimos cuándo *no* hacer —o recibir— una llamada. Aprendimos quién tenía prioridad en la comunicación y nos ponían límites de tiempo al hacer llamadas para que no estuviera ocupado el teléfono si alguien trataba de ponerse en contacto con nuestros papás o hermanos. Algunas de estas reglas se declaraban de manera explícita y otras simplemente se asimilaban.

Como ahora todos cargamos con nuestro teléfono o tableta, tenemos que buscar oportunidades para explicar su uso reflexivo. Hoy en día, muchas de nuestras interacciones digitales son privadas, en especial al usar dispositivos personales: en otras palabras, es sumamente difícil para los niños entender las claves de comportamiento cuando las actividades no son tan "públicas".

Incluso cuando los padres empiezan a frustrarse por lo públicas que parecen ser las vidas digitales de los niños, es frecuente que estén por lo menos igual de preocupados por lo privadas que son. Tener dispositivos individuales hace que el momento de compartir sea muy privado y que se nos olvide que estamos poniendo nuestros pensamientos más íntimos en un flujo de información que se comparte (o se puede compartir) con otros.

Pensemos en cuando éramos niños. Cuando nos llamaban los amigos, nuestros padres podían contestar el teléfono. Podíamos escuchar a otros, y otros nos podían escuchar. En algunos casos, los niños de hoy obtienen su propio dispositivo de comunicación al empezar la escuela primaria. Muchos ya tienen teléfonos inteligentes en quinto grado. Sin duda han cambiado los dispositivos y también las reglas, pero eso no tiene por qué implicar anarquía. Más bien, tenemos que ser más explícitos en nuestras enseñanzas, porque buena parte de la comunicación es de individuo a individuo. Hay que ser proactivos, la simple demostración de nuestro comportamiento no alcanza.

El siguiente capítulo se ocupa de la vida familiar, pero aquí hay algunas formas sencillas de mentorizar a tu hijo en cuanto a la etiqueta de la comunicación digital:

- Considera permitir que tus hijos vean cómo y cuándo usas los mensajes de texto para comunicarte. Por supuesto, querrás mantener ciertos mensajes privados, pero compartir algunos es una gran oportunidad para demostrar cómo establecer la comunicación.
- Habla con tus hijos sobre compartir demasiado, y no solo contenido peligroso o explícito, ¡sino lo aburrido también! Muéstrales cómo ciertos tipos de post nos pueden cansar a veces, y que incluso hasta podríamos dejar de seguir a alguien por esa razón.
- Muéstrales un ejemplo del *activismo de salón* (cuando la gente postea memes y opiniones políticas sin hacer mucho que digamos para implementar cambios sobre estas cuestiones en el mundo real) en Facebook. Si un tema o una causa es muy importante para nosotros y posteamos algo en relación con ello, ¿qué más estamos haciendo al respecto? Si algo es verdaderamente importante, debería verse reflejado en nuestros comportamientos fuera de línea también.

TODOS LOS DÍAS SON DÍAS DE FOTOS

¿Se acuerdan del día en que se tomaban las fotos de la escuela? Yo odiaba ese día: me eternizaría de una manera aterradora. Sabía que mis padres guardarían esa foto en la cartera para siempre, así que sentía que tenía una sola oportunidad para que saliera bien. ¡Sonríe bien, lleva la ropa correcta y asegúrate de abrir bien los ojos, por todos los cielos!

Para los chicos de hoy, todos los días son días de foto. Una faceta de sus vidas que nos debe provocar curiosidad es cómo se siente que nos tomen fotos constantemente. Casi todos fotografiamos con regularidad a nuestros hijos, mientras que, cuando éramos niños, en la mayoría de las familias las cámaras solo se usaban en ocasiones especiales. ¿Quisieras que hubiera más fotos tuyas de la preadolescencia? Lo más seguro es que no. Piensa en tus diez momentos más bochornosos de esa época e imagínate que hubiera fotos registrando cada uno de tus defectos.

En la secundaria, los chicos y sus amigos, armados de teléfonos inteligentes, se toman constantemente fotos. En cualquier momento, alguien puede fotografiar a tu hijo: dormido en el camión de la escuela de regreso a casa después de un viaje escolar (a lo mejor babeando un poco), cambiándose junto a los casilleros o en cualquier otro momento inoportuno.

Además, las fotos significan algo distinto para nuestros niños de lo que significaban para nosotros. Hoy vivimos en una cultura más visual. Las cámaras están por todos lados, integradas a dispositivos que llevamos con nosotros siempre. No cuesta nada tomar fotos digitales, ni guardarlas ni compartirlas. Las experiencias de tu hijo de ver una foto de inmediato y juzgar si es buena o mala ("No, no le mandes esta a papá. ¡Mándale esta!") son parte de su crecimiento. A medida que tu hijo entra en las etapas de conciencia social e inseguridad, y mientras sus compañeros empiezan a tomar fotos, su experiencia con las fotos —cuáles le gustan y quiere compartir y cuáles quiere borrar— volverá a cambiar de significado una vez más.

Que una foto marque cada experiencia es una expectativa que tienen los niños de hoy, pero la proliferación de imágenes también disminuye el impacto que cada foto tiene en la mente de nuestros hijos. Nos preocupamos por el archivo permanente de nuestros hijos, pero no reflexionamos lo suficiente en la permanencia y publicidad cuando usamos nuestros muros como álbumes familiares.

EL PODER DE PEDIR PERMISO

¿Estás contribuyendo al problema de la proliferación de las fotos? ¿Tomas fotos constantemente, grabando cada pequeño hito? Es tentador, ¿no crees? El impulso es el mismo de siempre: preservar la preciosa niñez de nuestros hijos de alguna manera. Pero como las fotos son un modo de comunicación, pueden ocultar cierta complejidad.

Como orgullosa madre de familia, podrías pensar que estás compartiendo imágenes inocentemente, pero es posible que tus hijos lo tomen de un modo distinto. Lo que crees que es adorable podría ser devastador para ellos. Es fácil caer en esta trampa, pero la empatía puede ayudar. Lo que siempre recomiendo, y que podría generar un cambio de cultura increíblemente positivo en tu familia, es que comiences a pedir permiso para compartir fotos. Sí, pídele permiso a tu hija. Tu solicitud le transmite un mensaje y logrará algunas cosas importantes:

- Le enseña que su imagen es suya. Le ayuda a reconocer que compartir es una decisión y que algunas cosas son privadas. Como le mostraste esa consideración y demostraste cierto respeto hacia su privacidad, es más probable que pregunte antes de compartir una foto de su amiga.
- Le enseña buenos límites. Es importante que ella sepa que puede decir que no. El mismo acto de pedir permiso le crea un momento para detenerse a pensar. Esta pausa es muy útil: todos podríamos beneficiarnos de ella.
- Le enseña a empoderarse: pedir permiso le otorga poder a tu hija. Postear una foto ya es decisión suya, y no tuya. Es un regalo maravilloso, y ella empezará a esperar lo mismo de sus amigos. Tu hija sentirá el poder de decir: "No compartas eso" cuando alguien le tome una foto. Podrá insistir: "Muéstrame que la estás borrando".
- Le enseña el autocontrol. Ahora que estableciste las normas del respeto, insístele a tu hija que se pida permiso a sí misma de tomar o compartir una selfie. Las redes sociales tienen que ver con hacer un diario, grabar sentimientos y celebrar los peque-

ños momentos. Eso no lo debes arruinar, pero sí quieres que ella piense en las consecuencias.

Pedirle permiso a tu hija antes de compartir sus fotos crea una relación respetuosa. Tu hija tendrá una mejor comprensión de este intercambio social tan complejo, porque lo demuestras. También le ayudará a entender por qué es importante. Habla con tu hija de cómo la hace sentir tu respeto por ella y anímala a que piense en cómo se sienten otros cuando ella está fotografiando a alguno de sus amigos.

Al respetar los deseos de tus hijos, estás modelando la base de las relaciones sanas. Esto rendirá frutos que van más allá de compartir fotos: formará buenos cimientos para que tomen mejores decisiones al navegar por el nuevo paisaje de medios participativos.

LA MENTORÍA POR ENCIMA DEL MONITOREO

La crianza es difícil. Podremos tratar de optimizar otras partes de nuestras vidas; pero, por lo visto, ser padres no siempre ofrece esa oportunidad: no hay atajos.

Por ejemplo, puede ser tentador instalar un software que te dejará saber y controlar todo lo que hace tu hijo en línea. Puedes pensar que "solucionaste" el tema con bloqueadores de contenidos o aplicaciones que imponen límites de tiempo. Pero, lamentablemente, no puedes permitir que la tecnología haga por ti el trabajo de la crianza.

Por eso propongo la mentoría por encima del monitoreo. No solo es más efectiva cuando se trata de temas tecnológicos, sino que pone a tus hijos en una mejor posición para tomar decisiones sanas en su mundo fuera de línea. Los valores que les enseñes sobre la comunicación en línea son valores importantes para ti y para tu familia.

Algunas de las preguntas más importantes que recibo de los padres con los que trabajo tienen que ver con el equilibrio. Una de las preguntas es: "¿Cómo te involucras sin ser demasiado controlador?". Te quieres entrometer en el mundo digital de tus hijos, pero si presionas demasiado, quedas fuera. También es posible que quieras usar cierta mentoría como parte de tu caja de herramientas de crianza. Y la pregunta es: "Si voy a monitorear las actividades en línea de mis hijos, ¿cómo lo hago correctamente?". Un poco de monitoreo podría ayudarte a mentorizarlos, y también hay monitoreo que es inútil.

Con cientos de aplicaciones disponibles para supervisarlos, como Net Nanny, ¿deberíamos espiar a nuestros hijos? Como con cualquier herramienta, el modo de usarlas es importante. Si la única herramienta que tienes para administrar el mundo digital de tu hijo es una aplicación, te fallará; pero puede ser efectivo usar aplicaciones de ese tipo aunadas a la mentoría.

Si tu intención es monitorear a tus hijos, quiero insistir en que se los hagas saber con anticipación. Antes que nada, a nadie le gustan las sorpresas de este tipo. Tu monitoreo se sentirá como una violación para tu hijo… porque lo es. Asimismo, ser conscientes de que los están monitoreando les da la oportunidad de elegir sus acciones. En otras palabras, tú les das el control, aunque los estés observando.

Es importante informar a los niños por qué estás revisando su actividad digital. Déjales saber que tu monitoreo no tiene que ver con su comportamiento, sino que estás preocupado por los potenciales peligros que posiblemente no hayan considerado. Además, prefieres que hagan lo correcto; en realidad, no quieres cacharlos haciendo lo equivocado, así que quieres darles la oportunidad de mostrar un buen comportamiento.

Tenemos que mentorizar a nuestros niños. Tenemos que pensar en los pros y contras de espiar. Si tienes el tipo de relación con tu hijo que te lleva a considerar espionaje encubierto, es posible que ya sea consciente de que lo haces. Algunos niños hacen mucho para esconder sus actividades en línea (por ejemplo, postear en una cuenta de Instagram amigable para la familia, pero también en otra "privada", o usando un nombre falso); pero, en general, si tu hijo está interactuando con otras personas en sus cuentas, lo más seguro es que esos sean sus perfiles "verdaderos".

Las cosas de las que se enteran los padres al "espiar" a sus hijos y las respuestas de sus hijos son diversas. Un post escrito en un blog por un padre que seguía las actividades de su hija por medio de una vigilancia digna de una agencia de espionaje recibió una fuerte respuesta (en su mayoría negativa) por parte de los comentadores en línea.[2] El padre rastreaba ampliamente a su hija, y los resultados fueron sorprendentes. Por ejemplo, se enteró de que le interesaba mucho escribir *fan fiction* y pasaba muchas horas perfeccionando su trabajo. El papá se sintió orgulloso de su escritura y le pareció que el conocimiento cada vez mayor que obtuvo de los pasatiempos de su hija justificaba la investigación, además de que hubo una sola mención del uso de drogas en una fiesta. En general, los comentarios sobre la publicación del padre eran negativos, y subrayaban que los niños necesitan espacios para discutir ideas (distintos comentadores mencionaron el ateísmo y el veganismo) e identidades (otro comentador mencionó la homosexualidad).

Un comentador fue muy vehemente en su crítica al autor: "Existe una diferencia entre monitorear a tus hijos e invadir seriamente su privacidad… En vez de sorprenderte por que el pasatiempo de tu hija sea escribir ficción (algo que descubriste al invadir su privacidad), deberías de sentir más curiosidad por saber por qué decidió no revelártelo".[3]

Concuerdo mucho con este comentador. Queremos conocer a nuestros hijos, y eso incluye dejarlos decidir si nos quieren contar ciertos aspectos de sus vidas. O no. Dejar que nuestros hijos sepan que estamos ahí para ellos y que tenemos reglas sobre su vida en línea es distinto que leer cada palabra que postean.

Otro de los desafiantes temas que puede provocar el espionaje se ejemplifica en el estupendo libro *This Is a Book for Parents of Gay Kids* [Este es un libro para padres de chicos gays]. Sabiamente, el libro sugiere darles la oportunidad a los chicos de salir del clóset frente a sus padres en el momento adecuado para ellos, y no utilizar la investigación tecnológica para descubrirlos. En cambio, los autores se concentran en

[2] Mathew Ingram, "Snooping on your kids: What I learned about my daughter, and how it changed our relationship", *Gigaom*, 8 de agosto de 2013, recuperado el 17 de abril de 2015, http://gigaom.com/2013/08/08/snooping-on-your-kids-what-i-learned-about-my-daughter-and-how-it-changed-our-relationship/

[3] Dan Szymborski, 2013, comentario hecho en Mathew Ingram, "Snooping on your Kids: What I learned about my daughter, and how it changed our relationship".

lo que puedes hacer para crear un ambiente seguro a fin de que un niño que es gay o que esté haciéndose preguntas al respecto pueda sentirse más cómodo compartiéndolo contigo.[4]

MONITOREAR LOS MENSAJES DE LOS NIÑOS

Los padres debemos entender para qué sirve textear y debemos ser capaces de guiar a nuestros niños sin depender del espionaje habilitado por la tecnología. Si pensamos en los mensajes como algo parecido a las llamadas telefónicas, es posible que queramos supervisar. Yo sugeriría que tanto el uso correcto del correo electrónico como de las llamadas telefónicas —aunque para nuestros hijos sean de interés limitado— siguen siendo habilidades que hay que enseñar. Es una excelente idea escuchar las llamadas de los niños o ver los correos electrónicos que mandan y reciben, con su conocimiento, cuando todavía están en la fase de las "rueditas de entrenamiento".

Para los niños, mandar mensajes es como pasar tiempo con los amigos: el tipo de tiempo que podrías haber pasado con poca supervisión cuando eras niño. Mi esposo caminaba solo al kínder en los años setenta. ¿Cuántos niños de kínder caminan solos el día de hoy? Las normas de supervisión han cambiado drásticamente, y nuestros hijos tienen cada vez menos oportunidades de jugar juntos e interactuar fuera de las actividades organizadas, las salidas supervisadas a jugar o las reuniones. En parte, los mensajes y las redes sociales toman el papel de ese pasar el rato solos, sin supervisión.

Un reto para nuestros hijos es la permanencia digital: el hecho de que el mensaje que le mandan a un amigo se pueda compartir, sacar de contexto o incluso guardar para reexaminarlo. Esto es muy distinto de las palabras que se dicen cara a cara, donde las claves faciales pueden señalar malentendidos y se pueden resolver los asuntos con más rapidez. Enviar mensajes tiene su propia etiqueta, que todavía está evolucionando… y además rápidamente.

---

[4] Dannielle Owens-Reid y Kristin Russo, *This Is a Book for Parents of Gay Kids: A Question & Answer Guide to Everyday Life*, Nueva York, Chronicle Books, 2015.

¿QUÉ ESTÁS BUSCANDO?

Mi primera pregunta para los padres que eligen leer los mensajes de sus hijos es "¿Qué están buscando?". ¿Qué esperan ver? Antes de tratar de tomar por sorpresa a nuestros hijos haciendo lo incorrecto, tenemos que pensar si hicimos un trabajo lo suficientemente bueno mostrándole los comportamientos correctos. ¿Pensamos más en lo que queremos que hagan que en atraparlos equivocándose?

Nos preocupamos demasiado por los titulares salaces de las noticias y no lo suficiente por el tipo de personas que se volverán nuestros hijos. ¿Serán reflexivos en su comunicación? Y ¿aprovecharán el increíble poder de compartir digitalmente para crear resultados positivos?

Resulta que la mayoría de los miedos de los padres respecto a las actividades digitales de sus hijos no tienen fundamento. En general, lo que descubres cuando ves los mensajes de tu hijo es que son muy muy aburridos.

Tenemos que sentir curiosidad por las experiencias que nuestros hijos viven con la tecnología para poder ayudarlos a superar las presiones de actuar y hacer que sus vidas luzcan de cierta manera. Estoy segura de que esto es algo que has visto: en Facebook, todos presentan sus vidas de la forma más idealizada. Los adultos sabemos que no es real, pero ¿nuestros hijos lo entienden? También, en cuanto a los adolescentes y preadolescentes, ¿cómo se pueden sentir restringidos los jóvenes a causa del rastro digital en un momento en el que deberían estar experimentando con sus identidades? El hecho de estar pasando por cierta etapa (una fascinación por cierto tipo de música, arte o pasatiempos, por ejemplo) no significa que ese algo quedará asociado con ellos para siempre.

La académica de medios danah boyd* sugiere que las aplicaciones más efímeras, en donde las fotos desaparecen (Snapchat) o quedan enterradas en una línea de tiempo muy activa (Instagram) podrían ser más atractivas para los jóvenes que Facebook, con sus álbumes de fotos y sus archivos fáciles de buscar. Sin duda, disfruto de mi resumen

---

* en minúscula (es su nombre legal): http://scratchtap.com/danah-boyd-and-capi talization/

del año en Facebook, en parte porque soy adulta. Tengo los mismos amigos y peinado y gustos que tenía hace un año, así que el repaso del año es una experiencia grata, y no un recordatorio de una identidad de la cual quisiera distanciarme.

SI DECIDES MONITOREAR

Una vez que les digas a tus hijos que los vas a monitorear, el siguiente paso es evaluar qué harás con la información que obtengas. Antes de leer sus mensajes, tal vez debas pensar en cuál será tu respuesta ante:

- Las groserías
- Hablar mal de otros niños
- Hablar mal de adultos o maestros
- Hablar mal de ti o de otros papás

Pregúntate si verás a los amigos de tu hijo de otra manera si estás leyendo sus conversaciones privadas. ¿De qué hablabas con tus amigos a su edad? Para ti, ¿cuál sería una señal de atención? ¿Cuál sería una señal de alarma? ¿Les aconsejaste qué hacer si reciben un mensaje que los hace sentir incómodos, como una foto inapropiada, palabras maliciosas sobre algún compañero de clases, o un acusación o amenaza? Asegúrate de que sepan que pueden acudir a ti en esta situación, y que no se meterán en problemas.

Es mejor andarse con cuidado si estás leyendo las comunicaciones de tus hijos y ves cosas que otros chicos están diciendo que no te agradan, o que tu propio hijo está haciendo. Podrías hacerle algunas preguntas abiertas sobre lo que está pasando, en vez de enfrentar a tu hijo directamente. Prueba con: "¿Cómo están las cosas entre tú y Sean?", en vez de "Sean es un nefasto contigo y no soporto el lenguaje que usa para mandarte mensajes".

Si tu hijo está teniendo problemas, quizá debas fijar nuevos límites, pero con cuidado. Una reacción excesiva podría ponerlo en la modalidad "operaciones encubiertas" e impulsarlo a hacerlo de forma furtiva. Si notas que las cosas negativas parecen ocurrir en medio de la noche, sin duda puedes poner un límite para que los teléfonos y las tabletas se tengan que guardar (o colocar en la habitación de los padres) antes de ir a la cama. Puedes desactivar el wifi, pero si tu hijo usa una red celular, no servirá de mucho.

Si tienes razones para creer que hostigan a tu hijo, que está en una relación abusiva o que está recibiendo mensajes inapropiados o amenazadores de algún compañero (o adulto), por supuesto que debes tomar acción. Pero si estamos hablando de los dramas sociales cotidianos de la escuela primaria, secundaria e incluso de la preparatoria, puede ser más útil que le ofrezcas apoyo, en vez de ser autoritario.

Finalmente, ¿cuáles son las consecuencias de un traspié por parte de tu hija? ¿Le quitarás el privilegio de usar el teléfono o de enviar mensajes? ¿Permitirás que las consecuencias naturales (por ejemplo, que sus amigas se enojen o que no haga la tarea) sigan su curso natural? Si tu hijo pide o baja una aplicación sin permiso, ¿piensas establecer un proceso distinto, quizá dándole luz verde a la aplicación si cumple con ciertas condiciones? Aunque no puedes saber con anticipación qué pasará, es útil pensar bien en estas cuestiones antes de comenzar.

ALTERNATIVAS AL ESPIONAJE

Si has estado haciendo una buena mentoría en torno a las actividades digitales de tu hijo, podrías descubrir que es hora de quitar las "rueditas de entrenamiento". Quizá sea mejor hacerlo poco a poco. Utilizar una especie de variación para irlos desenganchando —y desenganchándote a ti mismo— del monitoreo. Los hitos son muy personales y dependerán de la confianza mutua.

Una variación sencilla es el tiempo: por ejemplo, supongamos que comenzaste con una regla de que no habría mensajes con los amigos después de las siete de la noche. Cambiar la hora a las ocho es un siguiente buen paso. Podrá ser una pequeña diferencia, pero es una muestra de confianza. Puedes hacer cambios de este tipo bajo el entendimiento de que se revocarán si se rompen las reglas. A lo mejor el siguiente paso sea las nueve de la noche. Suena como un cambio insignificante, pero podría significar mucho para tu hijo. Ahora puede mandarle mensajes a su amigo sobre el partido de basquetbol que está viendo.

Si sientes que establecer reglas específicas es demasiado invasivo, considera simplemente avisarles a tus hijos que durante su primer año de textear planeas asomarte periódica e inesperadamente, para asegurarte de que su comunicación sea apropiada. Este método les dice que los estarás observando, pero que en general confías en ellos. Solo sé directo en cuanto a qué es lo que consideras apropiado. De nuevo, tu meta es enseñarles, no descubrirlos.

Otra táctica es dejar que ellos te muestren lo que están haciendo, en vez de escuchar en secreto electrónicamente. ¿Estás dispuesta a recorrer con ellos sus cuentas de redes sociales una vez al mes, por ejemplo? ¿Con eso te sentirías suficientemente segura? ¿Confías lo suficiente en tu hijo como para soltar un poco las riendas?

Aunque lo hagas en un toque más ligero, debes tener claridad sobre las consecuencias del mal comportamiento. ¿Qué harás si ves algo que no te gusta? ¿Limitarás el uso a tu hijo, impondrás reglas más estrictas o le ayudarás a encontrar la manera de reparar el daño creado por su tropiezo? ¿Qué si tu hijo expresó remordimiento por el traspié? ¿Puedes transformarlo en una experiencia de aprendizaje al pedirle que haga la labor de corregir su error?

Volveré a enfatizar que —ya sea que decidas espiar, no espiar o usar una mezcla de los dos— acceder en secreto a sus cuentas no es el modo de hacerlo, a menos que estés ante un *código rojo* de emergencia (está en juego la vida o seguridad de alguien). Encontrarás algunas dificultades, no importa qué táctica utilices. Todo es parte de la crianza. Pero empezar desde un espacio de honestidad y actitud receptiva marca el tono para tu relación con tu hijo. Aunque consideres que la tecnología sea un accesorio más en la vida, la forma en que la utilices es una expresión de tus valores y, a fin de cuentas, una oportunidad de construir la confianza.

LAS PRESIONES DE ESTAR SIEMPRE EN LÍNEA

Todos sentimos las presiones de una sociedad que parece nunca parar. Por un lado, puede ser vigorizante; pero agotador por el otro. A diferencia de nosotros, nuestros hijos nacieron dentro de este ritmo. No conocen otra cosa. ¿Cómo es para ellos?

Cuando hablo con los chicos de secundaria, siempre les pregunto: "Díganme cómo es ser un chico de 11 años con un teléfono inteligente y acceso a tanta información" o "Díganme qué se siente ser el último niño de la clase en conseguir un teléfono inteligente. O el primero". Estos chicos de 10 a 12 años tienen perspectivas razonadas y de alto nivel. Sus respuestas podrían sorprenderte.

He trabajado con niños para crear soluciones juntos para algunos de los problemas que ven en su vida cotidiana. Las conversaciones con ellos mostraron que eran chicos creativos y perspicaces que exhibían mucha empatía por los demás. Es estupendo saber eso, pero también es obvio que necesitan buenos modelos y ayuda para desenvolverse en su mundo. El simple hecho de ser nativos digitales no quiere decir que hayan nacido como alfabetos digitales.

COMIENZA DESDE LA EMPATÍA

Los problemas más prevalentes que reportan los chicos es que sienten que necesitan estar accesibles en todo momento. Ya que la tecnología lo permite, sienten una obligación. Para casi todos es sencillo identificarnos con eso: ¡probablemente sientas la misma presión en tu propio mundo!

El hecho de que no siempre podemos responder al instante es un reto difícil de eludir. Para un adolescente o preadolescente que todavía está aprendiendo el teje y maneje de las interacciones sociales, es incluso peor. A veces este comportamiento se resuelve así: tu hijo le textea a uno de sus amigos, y el amigo no le responde de inmediato. Ahora se vuelve fácil que tu hijo piense: "¡Esta persona ya no quiere ser mi amiga!". Así que envía otro mensaje, y otro, y otro. Puedes ver cómo sucedería esto. Tal vez incluso conozcas adultos con este problema.

De nuevo, tenemos que sentir curiosidad por la experiencia de los niños. ¿Qué podría estar haciendo ese amigo en este momento? Lo menos probable es que ya no quiera ser su amigo, y lo más probable es que esté ocupado haciendo otra cosa: está durmiendo, haciendo la tarea, cenando con los papás. Aumentemos la empatía de nuestro hijo conversando acerca de otras posibilidades.

Si queremos dar un paso más, podemos crear una solución juntos. Esto lo hice con un grupo creativo de niños de quinto de primaria al sugerirles que diseñaran una aplicación que ayudara a resolver algunos de sus retos sociales. No se trataba de una aplicación real, sino de un prototipo, pero el ejercicio les ayudó a entender las cuestiones que estaban en juego y qué podrían hacer al respecto.

Para esta situación en particular (que no les respondan un mensaje), a los niños se les ocurrió una excelente solución: una aplicación que limitara la cantidad de mensajes que puedes enviar cuando no los contestan dentro de cierto tiempo. La llamaron Candado de Mensajes: si empiezo a mandarle mensajes a alguien, solo puedo enviarle cierta cantidad, y si no me responde, tengo que detenerme, la aplicación me obliga a hacerlo. No la puedes comprar en la tienda de aplicaciones para lidiar con tu amigo molesto, pero la solución es muy reveladora en cuanto a los problemas que enfrentan los niños. Sienten presión por la constante accesibilidad de los compañeros y sienten que se espera de ellos que estén disponibles o que respondan en todo momento. Tenemos que entender que los niños se sienten así para poder ayudarlos a fijar límites con sus amigos de un modo que aligere algo de la presión.

También podemos ayudar a los niños a desarrollar empatía para que presionen menos a sus amigos a responder constantemente: en mis talleres, les digo a los niños: "Solo cierra los ojos e imagínate a tu amigo haciendo la tarea, o que está jugando basquetbol en la calle con su papá, o que está cenando con su familia, y estarás bien. Te darás cuenta de que no puede contestarte en este momento". Y eso realmente les sirve. No necesitan el Candado de Mensajes: la empatía es la aplicación.

CHATS DE BRILLANTINA: LA SOLUCIÓN PARA LOS MENSAJES QUE NO SON TAN AMABLES

Los niños de mis talleres identificaron otro problema con el que se encuentran a menudo: ¿qué hacer cuando reciben un mensaje que no es tan amable? ¿O qué tal cuando alguien manda un mensaje y sin querer lastima a un amigo o a algún miembro de la familia? Todos los niños de mis talleres han recibido mensajes que los hicieron sentir mal, o han enviado mensajes que ofendieron a otros. Es bueno recordarles a nuestros niños que el tono no siempre es aparente cuando mandamos mensajes o posteamos en las redes sociales. Como no podemos ver a la otra persona, puede ser difícil saber si está siendo chistoso o serio, malvado o si lo dice en broma: hace falta cierto contexto importante.

¡Así que diseñamos una aplicación! El grupo de sexto grado de una escuela para niñas inventó una aplicación que llamaron Chat de Brillantina, que hace preguntas muy importantes cuando se teclea una comunicación en el dispositivo: "¿Estás segura de que quieres enviar eso?". ¡A todos nos serviría un recordatorio como este de vez en cuando! Qué gran idea y, de nuevo, muy reveladora. Las niñas incluso llegaron al punto de diseñar distintos niveles: la versión más intensa de la aplicación revisaba el mensaje, incluso después de que le dieras clic a la advertencia que decía "¿Estás segura de que quieres enviar eso?". Si la aplicación detectaba lenguaje hiriente, automáticamente mandaba una copia tanto a los padres del receptor como del emisor.

Aunque soy mamá, ¡no podría haber diseñado una aplicación más parental que esta para los niños que están aprendiendo a comunicarse unos con otros! Esto sugiere que, incluso cuando los niños tienen habilidades tecnológicas, necesitan nuestra mentoría. Necesitan que entendamos lo fácil que es herir los sentimientos de otra persona (o sentirte herido tú mismo), más de lo que ellos necesitan que usemos un software de monitoreo o que leamos todos sus mensajes. Necesitan que los ayudemos a descifrar qué hacer cuando las cosas salen mal en la comunicación, y cómo lo pueden evitar. Y, además, quieren la opción de tener acceso al apoyo adulto si un compañero los hace sentir mal.

PADRES CONECTADOS

Los niños a menudo se quejan de que sus padres también están en línea constantemente. Cuando les hago preguntas sobre los problemas que la tecnología exacerba en sus vidas, cada uno de los chicos de sexto de primaria y primero de secundaria responde de la misma manera:

todos dicen que, a menudo, la gente más importante de sus vidas está inaccesible por la tecnología. Como mamá, me mata oír esto.

Cuando estamos pegados a nuestros teléfonos inteligentes o absortos en nuestro correo electrónico, nuestros hijos sienten que no los necesitan. De nuevo, diseñaron una aplicación para corregir el problema. A los alumnos de mis talleres se les ocurrió una aplicación llamada Deja de Textear, Disfruta de la Vida para sus padres. Así funciona: esta aplicación se activa por medio de la voz del niño, y con eso apaga el teléfono de la mamá o del papá.

Los niños fueron lo suficientemente listos como para diseñar la aplicación de tal modo que pudiera "entrenarse" para reconocer únicamente la voz del hijo, de manera que no cualquier niño pudiera acercársele a algún adulto en la calle y apagarle el celular. Muy listo, si bien un poco agresivo. Ahí es donde entra la empatía. Los padres ponemos límites al tiempo de uso de la tecnología a nuestros hijos, y estos niños inteligentes nos están avisando que ellos quieren la misma consideración. Quieren sentirse importantes para ti, no dejados a un lado por las demandas del mundo de hoy, ni que se les quite prioridad por tu accesibilidad a todos los demás.

Incluso más deprimente que los pequeños que sienten la necesidad de exigir la atención de sus padres son los adolescentes que ya se dieron por vencidos. En el libro *Reclaiming Conversation* [En defensa de la conversación], Sherry Turkle cita a varios adolescentes y jóvenes adultos que sienten que no pueden competir con los teléfonos inteligentes de sus padres, así que dejan de intentar. Turkle describe cómo en las familias se alterna entre enviar mensajes y conversar, o entre el correo electrónico y el tiempo personal, y explora el costo que tiene para las relaciones. Una joven reportó: "Cuando estoy hablando con mi mamá y ella está enviando un correo electrónico, me dice algo como 'Espera', o luego está hablando conmigo y se detiene a media frase para terminar de comer y luego sigue hablando. Y luego se detiene y comienza".[5] Un joven entrevistado por Turkle explicó que sus papás

---

[5] Sherry Turkle, *Reclaiming Conversation: The Power of Talk in a Digital Age,* Nueva York, Penguin, 2015, p. 115.

tienen reglas en casa contra el uso de teléfonos en la mesa, pero a menudo las rompen, y luego solo les ofrecen respuestas breves a sus preguntas, y con frecuencia su atención está dividida. Como dice una adolescente de 15 años en el estudio de Turkle: "Me parece que mi mamá se ha olvidado de cómo hablar".[6] Auch. Ninguno de nosotros quisiera que nuestros hijos dijeran eso, pero todos tenemos que recordar que la gente que está en la misma habitación es más importante que la gente que podamos tener zumbando en nuestro bolsillo o en nuestra mano.

Si necesitas una llamada de atención, presta atención. Todos tenemos que encontrar la manera de alternar menos entre la comunicación en persona y nuestros dispositivos, para realmente involucrarnos y comunicarnos con nuestras parejas, hijos, amigos y colegas. Aunque no existe la aplicación Deja de Teclear, Disfruta de la Vida, puedes imaginarte la aplicación en tu cabeza. Cuando tus hijos están tratando de hablar, míralos a los ojos y escucha. Si tienes que hacerlo, di para ti: "Está bien, D.T.D.V.: Deja de Teclear, Disfruta de la Vida. Estoy aquí. Estoy presente ahora".

LA TECNOLOGÍA COMO VENTANA

Lo que me encanta del ejercicio de diseño de aplicaciones es que nos dice mucho sobre la experiencia cotidiana de los niños con la tecnología. Quieren nuestra atención. Podrá parecer que no la quieren, en especial cuando están en la edad en la que están consiguiendo sus propios dispositivos móviles, pero quieren nuestra atención, y necesitan nuestra mentoría.

Uno de los niños de 11 años que diseñó la aplicación Candado de Mensajes preguntó en una sesión: "¿Está bien si a veces simplemente no tengo ganas de mandar mensajes?". Para mí fue desgarrador. Por supuesto que está bien. No tenemos que estar conectados todo el tiempo.

A pesar de las ideas tan astutas que los niños tuvieron para desarrollar aplicaciones, no hay una que pueda ocupar nuestro lugar

---

[6] Turkle, *Reclaiming Conversation*, p. 116.

para criar a los niños en la era digital. Las aplicaciones inventadas que menciono arriba no lo pueden hacer, ni tampoco las de verdad, las que existen en la tienda de aplicaciones. Por ello tenemos que seguir sintiendo curiosidad por las experiencias diarias de nuestros niños. Debemos zambullirnos y experimentar con ellos su mundo digital. Preguntarles qué están pensando y luego sentarnos con ellos para, aprovechando su creatividad y tu sabiduría, crear soluciones juntos.

SEIS

LA VIDA FAMILIAR EN LA ERA DIGITAL

Cuando sentimos curiosidad por la vida cotidiana de nuestros hijos, podemos entender mejor los retos que enfrentan al tener que lidiar con la conectividad digital de su escuela y su mundo social. Por otro lado, conectarse noche y día con el mundo exterior puede crear tensiones en la vida familiar. Los padres pueden descubrir que tienen pocas oportunidades de modelar buena comunicación para sus hijos y ser sus mentores para que puedan ser buenos comunicadores mediante los celulares, las computadoras y otros medios digitales, ya que estos dispositivos tienden a usarse en privado; los mismos familiares no se comunican en voz alta en la presencia de los demás, como solían hacerlo con un teléfono central ubicado en la casa.

Por más buena que sea la tecnología para las conexiones, también presenta algunos retos serios para la crianza. Gracias a estos dispositivos es más fácil para nosotros estar en constante contacto con nuestros hijos, pero también les dan a nuestros hijos acceso a todo un mundo que desconocemos. Como dice la periodista Jennifer Senior: "Están hiperconectados a sus familias, pero también llevan vidas que están bastante separadas".[1] Podemos acercarnos a la tecnología con

---

[1] Jennifer Senior, *All Joy and No Fun: The Paradox of Modern Parent- hood*, Nueva York, HarperCollins, 2015, p. 223.

límites estrictos y prohibiciones o con una actitud de mentoría, pero es difícil lidiar con ese constante contacto entre la realidad de las vidas separadas de los niños con sus compañeros.

Además, según la investigadora Sherry Turkle, quien ha examinado durante su trayectoria profesional cómo la tecnología afecta las relaciones interpersonales, hoy en día muchas familias enfrentan los conflictos por medio de mensajes de texto, conflictos que alguna vez podrían haber involucrado gritos o conversaciones en voz baja en medio de la noche.[2] Mientras que las familias del estudio de Turkle encontraron que era "más limpio" considerar un conflicto desde lejos, ella se pregunta si no deberíamos temer perder la espontaneidad y la falta de orden de los sentimientos reales y directos que brotan en el instante. Es una pregunta interesante que vale la pena sopesar respecto a nuestras propias familias: ¿deberíamos silenciar todo o que sea real?

Así como no queremos que nuestros hijos pierdan la capacidad de socializar cara a cara, tampoco queremos volvernos incapaces de negociar de frente los conflictos con nuestros hijos. Por otro lado, podría ser válido enviar un mensaje amable en una situación tensa, cuando la persona con la que estamos discutiendo no nos escuche. Cuando les pregunté a los padres de mi comunidad de crianza de nativos digitales si alguna vez llevaban sus conflictos a los mensajes o al correo electrónico, las respuestas fueron diversas. Una madre dijo: "Yo no lo hago. De ninguna manera. Podría textearles 'te quiero' a mis hijos para aguantar hasta que estemos cara cara y poderles dar un fuerte abrazo, y luego discutir". Otra mamá dijo: "Yo hago las dos cosas. A veces mando un mensaje, pero luego siempre mantengo una conversación". Un adolescente dijo que había hecho las paces con su mamá después de gritarle camino a la escuela por medio de un mensaje que decía "Siento mucho haber sido un p#nd#$@", y que ella lo apreció, aunque él también reconoció que una disculpa en persona generalmente es mejor y más sincera.

---

2 Sherry Turkle, *Reclaiming Conversation: The Power of Talk in a Digital Age*, Nueva York, Penguin, 2015, pp. 117-119.

Ya que las oportunidades de modelar buenos hábitos de comunicación pueden ser pocas ahora que los teléfonos familiares no se ubican en el centro del hogar, es posible que quieras describir conscientemente y en voz alta algunas de tus decisiones. Puedes decir "Voy a dejar mi celular apagado en el otro cuarto durante la cena y el tiempo familiar, para no distraerme". O "Voy a mandar este correo electrónico, pero no quiero molestar a nadie a esta hora, así que lo programaré para enviarlo mañana por la mañana". Dejar que tus hijos vean el razonamiento detrás de cada una de tus decisiones es una forma estupenda de que aprendan.

OBSÉRVATE A TI MISMO: TUS HIJOS LO ESTÁN HACIENDO

Los niños aprenden sus valores y comportamientos al observarnos. ¿Estás mandando mensajes cuando tus hijos están hablando contigo? ¿Estás enviando correos electrónicos cuando están junto a ti? ¿Te das "permiso" de contestar su teléfono durante la cena y le echas la culpa al trabajo?

Parecería que las presiones del mundo constantemente conectado nos ponen en una perpetua situación de multitareas. Yo experimento la misma presión, así que siento mucha empatía por los retos. Pero ¿qué les dice esto a nuestros hijos? ¿Podemos poner un mejor ejemplo?

Si puedes comprometerte a no revisar tu teléfono constantemente, transmitirás un mensaje poderoso a tus hijos. Estás en control, y no estás controlado por tus dispositivos. Los límites que fijes y a los que te adhieras no solo te liberarán, sino que también pondrán un ejemplo para tus hijos. En otras palabras, si guardas el celular durante un momento importante con la familia, ellos también lo harán. Cuando les demuestras a tus hijos que el tiempo con la familia es importante, lo valorarán también así. Muchos de nosotros revisamos el correo electrónico centenares de veces al día. Los expertos en productividad y los expertos familiares están de acuerdo: eso no ayuda a tu productividad ni a tus relaciones. Si mandas mensajes durante la cena, no esperes que tu adolescente o preadolescente deje su celular en otro lado y lo apague.

Mostrar un uso equilibrado de tus propios dispositivos podría ser el mensaje más importante que le envíes a tu hijo acerca del papel de la tecnología en tu familia. Trata de ir al parque o al área de juegos sin tecnología. Limita tu propio uso de la tecnología durante las horas de las comidas y otros tiempos familiares. Busca una *palabra de seguridad* familiar que sea divertida, pero que sirva como un buen recordatorio. En mi casa, siempre nos damos permiso de ponernos en evidencia unos a otros, de modo amable, por ser "monstruos de pantalla", y nos recordamos mutuamente que debemos "estar aquí, ahora".

Hemos visto a familias y amigos que almuerzan mientras revisan sus celulares. Hemos sido testigos de eso en los restaurantes, y siempre se ve peor cuando lo hacen los demás, ¿no es así? Ya sea que lo hagas solo o con tu pareja, haz un inventario mental del tiempo en que los miembros de tu propia familia pasan tiempo "juntos pero solos".[3] Fíjate si en tu familia están pasando mucho tiempo en el mismo espacio físico, pero cada quien mirando su propia pantalla. Tienes que ser razonable y objetivo, ya que a menudo el tiempo juntos no se planea así. Pero mientras revisas la semana pasada, o cualquier semana típica, ¿encuentras que los miembros de tu familia están en sus propios rincones, o incluso uno junto al otro, absortos en sus propios e individuales mundos digitales?

La periodista Susan Maushart desconectó a toda su familia —ella y sus tres hijos adolescentes— durante seis meses. Aunque al principio los niños lo resintieron, Maushart descubrió que los hermanos se fueron volviendo más amigos (¡y no solo porque estuvieran enojados con su mamá!), y que los viejos talentos y pasatiempos, sobre todo el talento de su hijo con un instrumento musical, volvieron a surgir cuando los videojuegos y los mensajes ya no acaparaban tanto tiempo libre. Aunque desconectarse es un paso radical, puede ayudar a tu familia a mantenerse conectada si se vuelven más conscientes de la manera en que se puede erosionar el tiempo de la familia por medio de las conexiones a redes. El libro de Maushart sobre la experiencia de su familia, *The Winter of Our Disconnect* [El invierno de nuestra desco-

---

[3] Sherry Turkle, *Alone Together: Why We Expect More from Technology and Less from Each Other*, Nueva York, Basic Books, 2012.

nexión] podría ofrecerte la inspiración necesaria para desviar la mirada de la rutina y notar los hábitos de tu propia familia.[4]

El siguiente ejercicio podrá no ser divertido para ti, pero pregúntales a tus hijos cuál de tus hábitos tecnológicos es el que menos les gusta. Quizá ya conozcas tus propias debilidades, pero podría ser realmente útil conocer la perspectiva de tus hijos. ¿Qué haces cuando un miembro de la familia quiere hablar contigo? ¿Cierras la laptop o bajas el celular? Si te observaras en un video, ¿te sorprenderías? ¿Te gustaría lo que ves? Yo batallo con esto al ser conferencista y consultora de tiempo completo, ya que son un poco distintos los límites en torno al trabajo, comparados con los de un trabajo de oficina. Incluso así, hay la expectativa de que muchos padres con trabajos que técnicamente son de oficina estén accesibles constantemente, y descubren que es un reto también.

¿Qué puedes hacer para cambiar los hábitos en torno al uso de los medios? Busca oportunidades para pasar ratos desconectados o para el uso de medios compartidos, por ejemplo, ver una película juntos. Es posible que los miembros introvertidos de tu familia dependan de ese tiempo tecnológico "solos" para recuperarse de los ratos sociales. Si eso te describe a ti (o a algún otro miembro de la familia), piensa si hay otras actividades que puedan fomentar un poco de soledad verdadera para alimentar ese lado introvertido.

LA CONSTRUCCIÓN DE UNA ECOLOGÍA DE MEDIOS

A menudo hago presentaciones a grupos de padres con el tema de "construir una ecología de medios en tu hogar". Generalmente, el público se compone de padres de niños de 3 a 9 años, y casi siempre, la presentación propicia una cantidad de maravillosas conversaciones, pero hubo una que de verdad me hizo pensar. Para empezar, esta conversación ocurrió con un papá. En muchas de las conferencias que ofrezco, 80% del público son mamás, así que siempre que esa división

---

4 Susan Maushart, *The Winter of Our Disconnect: How Three Totally Wired Teenagers (and a Mother Who Slept with Her iPhone) Pulled the Plug on Their Technology and Lived to Tell the Tale*, Nueva York, Jeremy P. Tarcher/Penguin, 2011.

es más equilibrada, me encanta. Este padre comenzó agradeciéndome por no haberlo hecho sentir como un mal padre durante mi charla. Eso es muy importante para mí: creo que juzgar a otros padres nos impide formar comunidades fuertes en donde todos cuidamos a los hijos de los demás.

La pregunta de este padre tenía que ver con comer frente a la tele. Se preguntaba si le haría daño a la mente de sus hijos o a sus habilidades sociales si hacían algunas de sus comidas mientras veían algún programa de televisión. En su casa, a los niños se les permitía de forma especial comer mientras veían la tele o, a veces, si los papás querían pasar un rato solos a la hora de la cena. Esta definitivamente es una pregunta difícil de contestar, ya que mi meta es ayudar a las familias a hacer lo que le funcione a cada una. Pero sí creo que las comidas familiares son importantes para enseñarles habilidades sociales a los niños. La conversación a la hora de la cena no es solo una buena manera de ponerte en contacto con el mundo de tu hijo, sino que también modela el comportamiento adulto y permite que los niños nos vean mientras estamos involucrados por completo en nuestras propias relaciones.

Sin embargo, es comprensible el deseo de sentarte con tu pareja para una cena tranquila, ¡y no quiero que tengas que esperar hasta que los niños se vayan a la universidad! Tengo dos sugerencias para lidiar con esto:

1. **Las comidas fuera de línea.** Concéntrate en tener comidas familiares desconectadas en ciertos momentos. No tiene que ser para cada comida; quizá pueda haber unas cuantas comidas en las que los niños ven la tele mientras que los papás comen y se ponen al día. Esto podría darle energía a la familia para tener algunas comidas desconectadas en las que todos se sienten a platicar.

2. **El enfoque de dos turnos.** Una alternativa es darles de comer a los niños sentados a la mesa, y no frente a una pantalla, antes de que los adultos coman. Puedes hablar con ellos, y hacer que se sienten durante un tiempo que sea razonable de acuerdo con su etapa de desarrollo, y luego los "sueltas" para que vayan a ver

un programa de televisión o a jugar mientras comes. Algunas familias tienen la tradición de que los niños cenen temprano, y esto puede funcionar incluso cuando los padres llegan a casa del trabajo demasiado tarde para el horario de los niños.

Los fanáticos de la *alimentación consciente* (*mindful eating*) probablemente preferirían abordar la cena en dos turnos, porque implica posponer el horario de los medios hasta después de la comida. El hecho de comer mientras estás distraído se puede relacionar con las malas decisiones alimentarias. Creo que lo más importante es crear algunos rituales de comidas desconectadas a los que te apegues, para que los niños puedan acostumbrarse a ellos, ¡e incluso que empiecen a tener ganas de hacerlos!

Es difícil reconciliar el ideal de la cena familiar con la realidad de los días laborables agotadores, seguidos por tardes llenas de tareas tanto para los niños como para los adultos. Aunque una cena tranquila y libre de medios de comunicación podría sonar como una meta inalcanzable, será de ayuda dar el primer paso hacia la organización de los horarios de comida. Escoge uno de estos enfoques, y pruébalo por una noche esta semana.

Siempre checa tus acciones: ¿estás mostando una conversación concentrada, con buen contacto visual, y estás apagando los dispositivos durante el tiempo de familia? Si no, será muy difícil lograr que tu adolescente o preadolescente se desconecte alguna vez.

EL NUEVO ÁLBUM FAMILIAR

La proliferación de imágenes causada por la fotografía digital ha tenido un enorme impacto cultural. Las imágenes digitales ya son una forma de comunicación, pero nuestra cultura no ha escrito del todo las nuevas reglas. La facilidad con la que estas imágenes se crean y comparten puede ser dichosa y enriquecedora, pero compartir fotos sin reservas también puede causar fricciones y resquemores. En cierto sentido, compartir fotos es igual que cualquier otra forma de comunicación.

Como mencioné en el capítulo 4, cada miembro de la familia debería seguir la misma regla sobre postear o compartir imágenes de otros miembros de la familia: no lo hagas sin permiso. Si les preguntas a tus hijos antes de compartir fotos de ellos, les enseñas que los respetas a ellos y a su privacidad. Esta práctica también ofrece la oportunidad de discutir los límites. Los niños tienen permiso de decirte que no quieren que publiques cierta foto de ellos, sin que importe la razón. Permíteles tener cierto control sobre esto: es increíblemente valioso que aprendan esta lección.

Veamos cómo se pueden manejar las fotos en un evento social. Las fiestas infantiles son una gran oportunidad para que nuestra manera de actuar les enseñe a los niños qué está bien compartir ampliamente, y qué no. Según su edad y madurez, algunos de los niños con los que he trabajado entienden que hay una diferencia entre tomar una foto y compartirla. Por ejemplo, entienden que los niños que no fueron invitados podrían sentirse mal si ven fotos de la fiesta posteadas en Instagram.

Esto no significa que no puedas tomar fotos; solo quiere decir que deberías pensar en cómo se podrían sentir los demás si las compartes en las redes sociales. Como siempre, actuar con empatía al compartir reflexivamente puede ayudar a que tu hijo les ahorre ese resquemor a otros niños.

¿Y QUÉ PASA CON LOS OTROS MIEMBROS DE LA FAMILIA?

Los abuelos, las tías y los amigos cercanos de la familia tienen buenas intenciones. Aman a tus hijos y disfrutan verlos crecer. Sin embargo, es posible que otras personas no tengan el mismo interés por tus hijos. Por ejemplo, los abuelos de tu hijo podrían tener un apetito ilimitado por ver sus fotos, pero los amigos de la preparatoria o del trabajo que tienes en Facebook podrían tener un interés más moderado. Para mitigar esta combinación poco acertada, los papás pueden encontrar alternativas a los medios sociales para sus álbumes familiares:

- Usar Dropbox, Box o Google Drive.
- Subir las fotos a un sitio web protegido con contraseña, como Flickr, que ofrece el control de qué tan públicas quedan tus fotos, o si las quieres ofrecer a otros por medio de licencias de Creative Commons.
- Enviar con regularidad (quizá cada semana) correos electrónicos para compartirlas con el círculo interno de personas que realmente están interesadas en estas fotos.

La demás gente con la que socializas en línea te lo agradecerá, ¡si no te han escondido aún! Un beneficio adicional es que algún día tus hijos podrían apreciar tener un menor rastro digital. Trescientas personas no necesitan fotos semanales de tus hijos, créeme. Puedes crear una política familiar en redes sociales para ayudar a reforzar los distintos niveles de compartición. Me encanta la creada por la investigadora tecnológica Alexandra Samuel para su familia.[5]

Si implementas una política familiar de redes sociales, no olvides incluirte en el plan. Algunos padres optan por no compartir nada sobre sus hijos en Facebook, Twitter u otros espacios sociales. Sin embargo, en caso de que publiques algo sobre ellos, ¿cómo puedes respetar su privacidad y límites, además de enseñar empatía tanto a los que ven como a los fotografiados? Si tu hija es lo suficientemente grande como para entender la idea de que las fotos se comparten, deberías de pedirle permiso antes de hacerlo. Si tu hija es demasiado pequeña como para que se lo preguntes, imagínatela como alguien de 12, 15 o 30 años que tiende a la privacidad. ¿Podría objetar? Si es así, reconsidéralo.

Enséñales empatía y respeto al compartir fotos tan pronto como puedas. Darle a tu hijo un nuevo dispositivo puede ser una excelente ocasión para abrir esta discusión: comienza con las "rueditas de entrenamiento" en forma de límites y expectativas. Esta conversación

---

5 Alexandra Samuel, "Creating a family social media policy", blog de *Alexandra Samuel*, 26 de mayo de 2011, recuperado el 31 de enero de 2016, http://alexandrasamuel.com/parenting/creating-a-family-social-media-policy

también te llevará a examinar tu propia relación con las herramientas y juguetes digitales que ya tienes en casa.

EL CUIDADO DE LAS EXPERIENCIAS FAMILIARES EN LOS MEDIOS

Colocar las estructuras correctas, las rutinas y la organización física respecto al uso de los medios hará que a fin de cuentas sea más fácil apoyar la vida familiar que buscas. Seguramente, ya estableciste estructuras parecidas en otras áreas. Por ejemplo, es posible que guardes la ropa que no es apropiada para la temporada, para así fomentar la independencia de tu hijo de 6 años cuando escoge su propia ropa, al mismo tiempo que te aseguras de que no vaya a la escuela con pantalones cortos cuando la temperatura afuera está a veinte grados bajo cero. Puedes establecer hábitos, rutinas y una organización física en tu hogar que vuelva más fácil equilibrar el uso de la tecnología. A esto yo lo llamo una *ecología de medios*, y tu manera de crearla puede tener un enorme impacto positivo en tu hogar.

CREAR ATRACTIVAS ZONAS DESCONECTADAS

Uno de los modos más eficientes de reducir la dependencia a los medios electrónicos es hacer que sea más atractivo el tiempo que no estés en línea. Con un poco de planeación y creatividad, puedes diseñar atractivas zonas desconectadas en la casa que alejen a tus hijos de sus iPads y PlayStations. Las pantallas siempre serán atractivas, así que, aunque las pongas en el lugar menos cómodo, tanto adultos como niños gravitan hacia ellas.

Asegúrate de que los lugares más cómodos y acogedores de tu casa no solo sean los que tienen pantallas al lado. Coloca espacios que animen a tus hijos a ser creadores, no solo consumidores. Realiza actividades con tus hijos en y fuera de línea. En el reino digital, pueden hacer un *collage* con fotos de la familia, diseñar un videojuego, desarrollar una búsqueda del tesoro, hacer un calendario para la abuela, escribir un poco de código con Scratch o hacer un video para subir a YouTube.

Cuando no están en línea, puedes construir un plano de tu ciudad soñada, hacer galletas o coserles un parche a tus pantalones de mezclilla favoritos. No se necesita mucho espacio para eso. Nosotros instalamos una zona de arte en un rincón del comedor, con todo y bote de materiales de arte y escritorio. Otra estupenda actividad es buscar cosas rotas en la casa y aprender a arreglarlas mirando videos de YouTube.

Fuera de tu hogar también hay muchas oportunidades para ponerse creativos. Si a tu hija le gustan las manualidades o desarmar cosas y quieres animarla en ello, llévala a algún festival en el que la gente muestra y comparte lo que hace, como los festivales Maker Faire. Mándala a un campamento para que aprenda a construir robots, diseñar vestuarios o programar. O considera la posibilidad de que realice estas actividades en casa. En mi comunidad, hay áreas improvisadas de juego en donde la gente lleva cartón y otros materiales divertidos para construir, y se están poniendo de moda como una manera de animar a los niños a interactuar de nuevas maneras con los materiales y con otras personas.

Para los niños más pequeños, asegúrate de que la televisión, los videojuegos y las computadoras no estén dominando las zonas más cómodas y atractivas de tu casa. Llena un cajón de la cocina que sea accesible para ellos con provisiones divertidas, y cámbialas con regularidad para sorprender a tus hijos. Deja que la ropa para disfrazarse, los juegos divertidos, los nuevos rompecabezas y los materiales de arte estén tan a la mano como la televisión, los videojuegos y las tabletas.

Ayuda a que los niños más grandes accedan a su propia creatividad: llena una caja con objetos reciclados para que puedan hacer cosas; considera tener a la mano instrumentos musicales, libros y utensilios de cocina; deja que se ensucien con sus amigos haciendo pizza u horneado magdalenas; rétalos a que hagan una búsqueda del tesoro o una carrera de obstáculos, ya sea con la familia o con sus amigos.

Si hay dispositivos móviles sueltos por toda la casa, tal vez puedas pedirles a tus hijos (¿e incluso a los adultos?) que los usen en espacios comunes, en vez de meterse en sus habitaciones. Una estación de carga comunitaria hace hincapié en el mensaje de que los dispositivos no están hechos para acurrucarse con ellos de noche. Y, como beneficio adicional, ¡es menos probable que descubras que saliste corriendo en la mañana con el celular sin batería!

La estructura es tu amiga

Estructurar reflexivamente el espacio físico y los horarios ayuda a reducir las tensiones. Usa los hábitos y las rutinas para minimizar berrinches y pataletas después del tiempo de pantalla. No dejes que ese rato sea un período sin estructura que se acomoda alrededor de todo lo demás. Si a tus hijos les encanta Minecraft, pueden tener su tiempo específico de Minecraft. Trata de hacer un calendario. Planea qué harán *después* de su experiencia de inmersión en la pantalla. Si se vuelven "monstruos de la pantalla" y se comportan de forma desagradable cuando se acabó su tiempo, adviérteles que cada vez que esto suceda les quitarás 15 minutos de pantalla hasta que puedan evitar transformarse en monstruos.

Muchas familias optan por mantener un tiempo mínimo de pantalla entre semana, o incluso no tenerlo, porque les resulta demasiado lidiar con las transiciones, aunadas a las demandas de la escuela, las tareas y las actividades extraescolares. Eso también está bien, por supuesto. Tienes que encontrar el equilibrio correcto para tu familia y para el temperamento de tu hijo. Y recuerda: toma tiempo hacer cambios en cualquier rutina: ten paciencia, apégate al plan y ve haciendo los ajustes necesarios hasta que encuentres el equilibrio perfecto.

LOS MEDIOS: UNA MANERA DE EMPEZAR A CONVERSAR DE LOS GRANDES TEMAS

Los padres podemos cultivar la conciencia social en nuestros hijos por medio de la alfabetización de medios. Involúcrate en una discusión con ellos sobre los estereotipos en los medios, sin echarles todo a perder. En vez de insistir en que "Ese programa es sexista", pregúntales qué opinan de los personajes masculinos y femeninos, o de la manera en que se representan a los personajes de distintas etnias.

Intenta llenar tu biblioteca de medios con niñas heroínas, personajes inteligentes de distintas razas, etc. No será fácil, pero en años recientes han mejorado las propuestas. Hay sitios como A Mighty Girl (amightygirl.com) que pueden ser un gran recurso, ¡y no solo para los padres que están criando niñas!

Si de verdad detestas un programa, personaje, género o empresa, y en especial si lo prohíbes, diles a tus hijos por qué. "Porque lo digo yo" podrá haber sido la respuesta de la generación de nuestros padres, pero explicarles tu razonamiento seguramente llevará a mejores resultados: los niños pueden seguir mejor las reglas cuando las entienden.[6]

Aunque tus hijos eviten a escondidas tu prohibición, sabrán que te molesta cómo se tratan las personas en un determinado programa: por ejemplo, que no te gusta el modo en que los personajes se aprovechan unos de los otros por fines financieros o sexuales, pero que no te molesta que el hermano del personaje principal sea gay.

Sé muy específico, para que conozcan y entiendan tu razonamiento. Muchos programas contemporáneos (incluyendo los infantiles) ponen sobre la mesa temas desafiantes. Temas como la sexualidad adolescente, las drogas, las relaciones abusivas y los desórdenes alimenticios son problemas complicados a cualquier edad.

Algunos de estos programas orientados hacia problemas concretos ofrecen oportunidades para discutir estos asuntos con tus hijos (aunque la rotación de traumas semana tras semana pueda llegar a ser demasiado). Incluso cuando se trata de algo incómodo, es positivo tener más comunicación. Especialmente los preadolescentes están absorbiendo toda la información que pueden a medida que van formando sus identidades, y quieres estar ahí para ayudar a guiarlos e influir en sus valores. Sin embargo, escoge tus momentos estratégicamente. Si comienzas una conversación profunda con cada programa, es posible que tus hijos no disfruten ver la tele contigo. Sin embargo, hacerles notar las representaciones en los medios como parte de una discusión más profunda de temas como el racismo y el sexismo los transformará en un público más informado y crítico.

---

[6] Lynn Schofield Clark, *The Parent App: Understanding Families in the Digital Age*, Nueva York, Oxford University Press, 2013, p. 32.

LA COMUNICACIÓN FAMILIAR

Una de las preguntas más comunes que me hacen los padres es cuándo deberían permitir que sus hijos tengan su propio celular o teléfono inteligente. Muchos padres quisieran poder conectarse con los hijos cuando van a llegar unos minutos tarde a recogerlos o cuando es hora de ir por ellos a casa de un amigo, un partido, etc. Mike Lanza, autor de *Playborhood*, subraya que, de alguna manera, los celulares les dan independencia a los niños.[7] Sin embargo, aunque les demos su primer dispositivo para comunicarnos con ellos, también les estamos abriendo nuevos mundos de comunicación con sus pares (y, en el caso de un teléfono inteligente, con todo internet), a menos que les demos un dispositivo con muchos candados.

Un tema reciente en uno de los grupos de crianza de Facebook en el que participo comenzaba con la pregunta "¿A qué edad podemos darles un celular a nuestros hijos hoy en día?". De inmediato hubo una variedad de respuestas. Muchos padres sentían que un indicador útil era la habilidad del niño para trasladarse independientemente por la comunidad, ya fuera andando en bicicleta o viajando en transporte público a la escuela. Otros padres dijeron que sentían que "tenían" que darles un celular cuando sus amigos lo conseguían. Las respuestas eran variadas: desde los dispositivos para la muñeca que solo llaman a mamá y papá o celulares básicos con tapa para niños de cuarto grado, hasta políticas de "ningún teléfono hasta que estés en segundo de secundaria", además de respuestas de padres que les habían comprado teléfonos inteligentes a sus hijos de sexto de primaria o primero de secundaria.

Como lo reveló este tema, conseguirle un teléfono a tu hijo es una decisión en la que deberás tomar en cuenta su madurez. Los teléfonos inteligentes tienen un impacto particularmente alto, aunque los celulares "tontos" también implican gran responsabilidad, a pesar de que no vengan con la misma cantidad de distractores y responsabilidades que los inteligentes. En el tema, muchos papás opinaban que bastaría

---

[7] Mike Lanza, *Playborhood: Turn Your Neighborhood into a Place for Play*, Menlo Park, Free Play Press, 2012, p. 8.

un celular básico para su hija de escuela primaria y preferían esperar hasta segundo o tercero de secundaria para comprarles un teléfono inteligente. Pero en muchas de las escuelas privadas y públicas de clase alta en las que trabajo, el primer teléfono a menudo es inteligente, y es posible que lo reciban en quinto o sexto grado.

¿CUÁNDO ESTÁN LISTOS TUS HIJOS PARA UN CELULAR?

Conseguirle un celular a tu hija es una de las decisiones más grandes que tomarás como padre. Si crees que exagero, piensa en lo siguiente: el primer teléfono inteligente es un punto de inflexión, una puerta que le abre todo un mundo a tu hija. Ahora tendrá acceso total a internet, así como la habilidad de estar en contacto con casi todos en el planeta. Y todo esto podría suceder lejos de tu mirada. Aunque suena espeluznante, este nuevo poder tiene muchos aspectos positivos, y es exactamente la razón por la que insisto tanto en la importancia de la mentoría. Enseñarle a tu hija a tomar buenas decisiones es la mejor protección que le puedes dar.

COMIENZA CON TUS PROPIOS MIEDOS

Los temas que rodean a los celulares y conocer el momento apropiado para que un niño tenga uno pueden ser asuntos difíciles y, por lo mismo, es importante examinar tus preocupaciones. ¿Exactamente cuáles son tus temores de darle un celular o teléfono inteligente a tu hija? Y, al revés, ¿cuáles son tus temores sobre *no* dárselo? ¿Te preocupa que sea el único en su grupo social sin celular, que pueda sentirse excluido, que serás esa mamá que no quiso dejar que su hija tuviera celular? ¿O simplemente te preocupa que, sin él, no podrá comunicarse contigo durante el día?

Aquí hay un listado de temas clave para pensar:

1. **Cuestiones sociales.** Sin celular, tu hija podría sentirse excluida, fuera de los círculos sociales. Pero si tiene celular, puede preocuparte que se vuelva adicta y se aleje del contacto familiar, que pierda las habilidades sociales personales y que dependa de

los dispositivos para comunicarse, o que sienta la tentación de compartir de más para obtener un mayor estatus social.

2. **Cuestiones de estatus.** Un iPhone, por ejemplo, se puede percibir como un símbolo de estatus. Tal vez no quieras que parezca que tu familia no puede costear un teléfono; por otro lado, a lo mejor no quieras que tu hijo sea el único en la escuela que tiene un iPhone. Las claves contextuales son importantes, porque el paisaje digital es diferente, depende del área en donde vives.

3. **Cuestiones de seguridad.** La pornografía y otros contenidos inapropiados serán más accesibles por medio de un teléfono inteligente. Los padres se preguntan: "¿Podrá mi hijo resistir la tentación?". Más allá de eso, los padres se preocupan de que existan más posibilidades de contactar a desconocidos por medio de las aplicaciones, chats y estando en línea. ¿Tu hijo tomará decisiones sólidas y sanas?

4. **Cuestiones de privacidad.** Hoy en día, todos los celulares incluyen cámara. Eso aumenta las posibilidades de que se tomen o compartan fotos inapropiadas. ¿Y qué hay del rastro de información o datos que tu hijo va dejando atrás? Todos los post e interacciones dejan un rastro digital. ¿Tu hijo entiende las cuestiones más importantes relacionadas con la identidad digital?

Visto lo anterior, es fácil ver por qué el uso de los celulares, y en especial el de los teléfonos inteligentes, es una fuente de estrés para las familias. Veamos algunos ejemplos y criterios para tomar tu propia decisión sobre cuándo y cómo gestionar este punto de inflexión.

ANÉCDOTAS DESDE EL CAMPO DE BATALLA

"Dominique", una madre que formaba parte de un grupo con el que trabajé, tiene una hija muy responsable, y Dominique disfruta de una relación de confianza con ella. Una noche, Dominique descubrió que su hija, "Anne", le estaba texteando a una amiga muy tarde, cuando ella (y su amiga) ya debían estar durmiendo. La amiga sentía que necesitaba ayuda y Anne sentía que no podía negarse. Dominique decidió que, de ahí en adelante, el celular se guardaría de noche en la habitación de los padres. También decidió informarles a los padres de la otra chica, ya que las dos tenían solo 12 años (estaban en sexto grado).

En primer lugar, era importante que Dominique supiera la razón por la que Anne sentía que tenía que responderle a su amiga a esas horas. De ese modo, Dominique habría sido consciente de los intentos de su hija para ser una amiga solidaria, y también habría podido discutir con ella el tipo de asuntos que podrían requerir un poco de apoyo por parte de los adultos y no solo los consejos de una compañera de sexto grado. Entender los impulsos positivos que podrían llevar a un niño a romper las reglas nos ayuda a responder de modo apropiado.

Una madre de mi comunidad de crianza de nativos digitales compró teléfonos para sus hijas de 10 y 11 años cuando empezaron a viajar a la escuela en autobús, en vez de llevarlas en coche. Me dijo: "Para mi hija de 10 años, casi no hubo un cambio en su vida. Se le olvida un día sí y un día no. A la de 11 años le gustó más, y 'perdió' el privilegio durante una semana después de que la descubrí enviando mensajes a las 10 de la noche, durante una de las pocas noches en que no pusimos a cargar el teléfono en la cocina, y por su cuenta ella sacó conclusiones interesantes sobre el impacto que estaba teniendo el teléfono sobre la relación con su hermana. Después de un día sin teléfono, vino a casa para decirme que no tener un celular le permitía socializar más con su hermana en el transporte escolar".

Otra madre dijo que quería que sus hijos asumieran la responsabilidad financiera de sus celulares: "Quiero que mis hijos puedan pagar la cuenta telefónica mensual antes de considerar si les compro un celular. Mi hijo de 13 años tiene un iPod, y ya descubrió cómo conseguir una aplicación para llamar y textear que funciona con wifi. Tenemos un teléfono fijo para cuando llegan después de la escuela o están solos en casa. El papá de mi hija de 11 años le dio un celular (no fue elección mía), pero se siente tan paranoica de acabarse el crédito que parece que está bien para ella. Mis hijos tienen mucha independencia: por ejemplo, pasan un par de horas en casa después de la escuela. Hacemos reuniones familiares semanales para mantener claras las expectativas y la comunicación".

A otra niña que acude al consultorio pediátrico de una conocida mía la castigaron sin celular, y se asustó muchísimo. Lloraba de forma incontrolable y estaba visiblemente asustada. Después de hacerle muchas preguntas, la niña confesó que otro estudiante la estaba chantajeando a causa de unas fotos reveladoras, y le había dicho que si ella no le mandaba más, compartiría las originales por todos lados. ¡Cielos! Una vez que los padres tuvieron conciencia de la situación, llevaron a su hija para que le dieran un poco de ayuda profesional y bloquearon al chantajista. Podrían haber tomado acciones penales, pero en este caso decidieron no hacerlo. Otra opción, si es que el agresor es un conocido y es menor de edad, es contactar a los padres del niño. Las familias que buscan remedios legales para retos como este están dando un paso importante para evitar que los depredadores sexuales repitan este comportamiento. Por otro lado, puede ser inmensamente difícil, y la ley está muy atrasada en términos de posibles abusos e incursiones en el ámbito digital.

Una de las cosas más importantes que debe saber tu hija es que nadie debería presionarla para hacer algo que la haga sentir mal o incómoda: ni un desconocido, ni un amigo, novio, compañero, etc. También debe saber que, aunque haya roto algunas de tus reglas (por ejemplo, textear después de la hora de dormir, tomar una mala decisión), eres su aliado y la apoyas si la están acosando o si está metida en problemas. ¡Esto es crucial!

Estos ejemplos nos enseñan una lección importante: observa cómo otros padres manejan las situaciones difíciles. Todos aprendemos los unos de los otros. ¿Cómo habrías manejado estas situaciones? Quizá no del mismo modo en que lo hicieron los padres de estos casos. Está bien: todos tenemos nuestro propio estilo de crianza, pero ver qué están haciendo los demás nos ayuda a tener un marco de referencia.

ANTES DE COMPRAR TECNOLOGÍA

Muchos padres les compran celulares a sus hijos para que se reporten con ellos; pero, antes de hacerlo, pregúntate si el deseo es tuyo o suyo. ¿Necesitas que se reporten? ¿Cuáles son algunas de las situaciones que has experimentado en donde quisieras haber tenido esa capacidad? Muchos de nosotros podemos llegar tarde con menos estrés si sabemos que es posible mandar un mensaje para avisar que vamos en camino. Si nuestros hijos no tienen teléfono, podríamos sentir que llegar tarde no es opción.

Entonces, ¿estás lista o no? ¿Deberías conseguirle un celular a tu hijo o no? Si no es ahora, ¿cuál es el momento correcto para tu familia? Quisiera tener una respuesta universal para estas preguntas, pero este tema tiene matices y es muy individual. Sin embargo, desarrollé este mapa para ayudarte a decidir cuándo es hora:

1. **Ten claros cuáles son tus temores y deseos reales.** Conozco a una familia que quería que sus hijos tuvieran más independencia y pudieran pasearse más libremente. Aunque su barrio era amistoso y todos se conocían, sentían que la seguridad exigía un poco más de comunicación que simplemente decirles "Vuelvan a casa cuando empiece a oscurecer". ¿Su solución? Les dieron *walkie-talkies* a sus hijos (de 6 y 9 años). Algunos otros padres del barrio siguieron su ejemplo. Con eso, los chicos del barrio tenían la libertad de salir a jugar, pero estaban conectados virtualmente con su casa por el alcance de sus *walkie-talkies*. ¡Una buena solución!

2. **Discutan las razones por las que quiere un celular.** ¿El celular es un accesorio para encajar, o los demás chicos realmente están haciendo planes con los celulares, y no tenerlo excluye a tu hijo? Si es así, habla con los padres de los otros chicos, en especial los que estén en el círculo más íntimo de tu hijo, para que sepan que te pueden enviar mensajes a ti para incluirlo.

3. **Enséñales a tus hijos la etiqueta telefónica básica.** Antes de que los niños consigan su propio teléfono, asegúrate de que

sepan cómo contestarlo, hacer una llamada y dejar un mensaje con buenos modales. Esto también lo puedes hacer con un teléfono fijo: un celular no cambia nada. Haz que tu hijo ensaye con el abuelo, la tía o algún amigo cercano de la familia. Pídele a esta persona que te llame al celular, pero deja que conteste tu hijo. Practica hasta que conteste sin tropiezos y de modo apropiado. Haz lo mismo con llamadas a otros, y ponlo a practicar iniciar las llamadas hasta que tenga experiencia en esa interacción. El nivel avanzado sería hacer que tu hijo pida una pizza o que llame para pedir el horario de una tienda.

LAS "RUEDITAS DE ENTRENAMIENTO" DEL CORREO ELECTRÓNICO

El correo electrónico ya forma parte de nuestras vidas, a tal grado que parece ser automático. Para muchos, es la principal forma de comunicarnos en el trabajo. Como el uso del correo electrónico parece tan básico, es posible que sientas que no necesitas enseñarles nada a tus hijos al respecto.

Pero el correo electrónico sigue siendo un modo de comunicación y tiene sus propias reglas tácitas y código de etiqueta. Y, como probablemente te habrá sucedido en el trabajo, es muy fácil que un correo electrónico salga mal. Vale la pena enseñarle lo básico a tu hijo para que sepa manejar correctamente el medio. Es un puente importante entre tu hijo, sus maestros y el mundo adulto y, francamente, lo más probable es que no hable por medio de Snapchat con su futuro empleador: le estará enviando correos electrónicos, al menos por ahora. Así que es algo que debes hacer bien.

Mi consejo cuando le presentes cualquier nueva tecnología a tus hijos es darles "rueditas de entrenamiento". Antes de permitir que tu hijo tenga su propia cuenta de correo, permítele usar una cuenta de correo electrónico familiar. Por ejemplo, crea una cuenta como FamiliaTeng@gmail.com o LosThompson@yahoo.com. Esta cuenta centralizada funciona un poco como lo haría un teléfono fijo en la cocina. No estás espiando, pero la cuenta es "pública", al menos dentro del hogar. Después de todo, es una cuenta compartida. Al igual que con un teléfono compartido, tendrás la oportunidad de asegurarte de que tu hijo aprenda a saludar y despedirse correctamente. Y te dará la oportunidad de observar cómo interactúa, para que puedas intervenir con consejos útiles si ves un traspié. Obviamente, tendrás que hacer esto de forma sutil. Si lo presionas demasiado, tus consejos se sentirán como críticas.

Finalmente, asegúrate de que tus hijos, tus demás parientes e incluso los amigos de tus hijos sepan que los correos que se envían a esta dirección le llegan a toda la familia. En la comunicación es increíblemente importante el contexto, y es injusto sorprender a la gente con lectores que no se esperaban. Tu meta no es atrapar a tu hijo o a sus amigos con las manos en la masa, sino enseñarles una buena ciudadanía digital.

COMPRAS EN LÍNEA

En la era del internet, los niños van desde los novatos que no tienen la menor idea hasta los hábiles emprendedores de la red. Lo más probable es que tus hijos se encuentren en algún punto intermedio. Tendrás que empezar a discutir sobre el dinero digital en el momento en el que te pidan hacer una compra por internet, bajar una aplicación o pasar de una versión gratuita a una premium. Sin duda, es muy fácil dejarte llevar por las compras en línea, y los precios relativamente bajos de las aplicaciones y las compras dentro de la aplicación (*in-app purchases*) pueden crear sorpresas desagradables cuando llegan las cuentas. Las compras dentro de la aplicación son una plaga para los padres de chicos pequeños y grandes. Lo mejor es deshabilitarlas (al menos al principio); también es posible que los juegos que constantemente exijan este tipo de compras no sean los juegos que quieras que estén disponibles para tus hijos.

Aunque haya leyes de mercadotecnia que determinen que ciertos productos no se pueden anunciar durante los programas infantiles, por lo visto los avisos de compras dentro de la aplicación logran evitar esta restricción. Son atractivos porque están colocados estratégicamente: justo cuando estás por pasar al siguiente nivel. Cuando fluyen las endorfinas es mucho más tentador gastarse dinero real en "monedas" de oro que no son reales. Estas ofertas son muy difíciles de resistir, y pueden ir aumentando de modos insidiosos. Si un niño pequeño generó una cuenta enorme sin que tú lo supieras o sin tu consentimiento, es posible que logres conseguir un reembolso con la empresa. Después, cambia tus configuraciones y habla con tu hijo.

El dinero puede ser bastante abstracto en el mundo digital, y también como lo representan las tarjetas de débito y crédito. Yo misma me doy cuenta de que soy menos sensible a las pequeñas compras de aplicaciones de lo que soy a las cosas físicas. Como le tengo pavor al desorden, en el mundo físico siempre pienso en dónde pondríamos ese nuevo juguete o juego, pero la nube tiene repisas con espacio infinito. Por otro lado, puedes emplear una pregunta parecida con una aplicación nueva: ¿qué papel desempeña en mi vida? Si ya tienes una aplicación para dibujar, ¿en qué es distinta esta? El desorden no deja de ser desorden, hasta en el mundo digital.

Les pedí a varios padres de mi comunidad de crianza de nativos digitales recomendaciones para mentorizar a los niños sobre el dinero en la era digital. Una madre nos compartió que su hija de primero de secundaria llega a gastarse hasta treinta dólares al día en café y tentempiés con sus amigas cuando van al Starbucks o al centro comercial después de la escuela. La mamá sabe lo que está gastando, porque su hija tiene una tarjeta de débito. Revisar los estados de cuenta juntas (y hacer que la hija se vuelva responsable de pagar sus propias cuentas) podría ayudarle a gastar el dinero de modo más frugal. Si no, una llamada de atención podría ser ponerle límite a la tarjeta, o permitir que a la chica se le acabe el dinero de la cuenta. La madre es una empresaria exitosa, y lo pensaría dos veces antes de gastar treinta dólares en un almuerzo. El hecho de que su hija de 13 años gaste de forma tan inconsciente sugiere que aún no ata los cabos y que en su mente el dinero todavía no se traduce al trabajo o dificultades.

Otra madre ofreció algunas estrategias para enseñar alfabetización financiera:

Este año empecé a darle su domingo a mi hijo de 8 años, y lo hago por medio de la página de internet FamZoo, que me encanta. Ha sido una gran experiencia enseñarle a administrar su dinero y sus gastos. Le he permitido gastar dinero en aplicaciones, si son apropiadas, y tiene los fondos, por supuesto. Me ha preguntado muchas veces si puede hacer compras dentro de las aplicaciones, y ahí marqué la raya, ya que no quiero que se gaste el dinero de su domingo para comprar puntos en algún juego tonto en línea. Es una distinción difícil de explicarle a un niño de 8 años. Está bien comprar un juego (tonto) como Angry Birds, pero no quiero que gaste dinero en avanzar un nivel en el juego.

Es fácil ver por qué a algunos padres no les gustaría que sus hijos gastaran dinero en cosas que no tienen una presencia física. Nos parece frívolo, aunque sea importante para nuestros hijos. Otra madre decidió probar por ahora con un domingo en efectivo: "Solíamos usar un domingo virtual llamado MoneyTrail, y sacábamos dinero para las compras en línea, como las aplicaciones y iTunes, pero no funcionó. Los niños nunca veían el dinero, así que para ellos era menos tangible. Recientemente (hace dos semanas), volvimos a cambiar de nuevo al uso de efectivo para su domingo".

¿Los niños mayores que tienen cuentas de banco saben cómo acceder a esa información en línea? Es importante enseñarles a tener una contraseña segura. Aunque esto lo damos por sentado, es posible que los niños todavía no entiendan cabalmente las consecuencias de una cuenta insegura.

Tal vez también quieras darles a tus hijos un domingo digital para comprar aplicaciones, libros y música. Otra madre dice:

Mi hijo mayor (de 11 años) es el único que tiene su propia tableta. Tiene una cuenta de usuario de iTunes vinculada a la nuestra (en la nube familiar), y cuando ve una aplicación, canción o libro electrónico que le gustaría comprar, puede solicitar una descarga y nosotros recibimos el mensaje sobre su solicitud, la cual podemos aprobar o no. En particular con las aplicaciones, le preguntamos normalmente para qué la quiere o si ya revisó si es o no gratuita. Y luego vemos con él si tiene que dar su información personal al registrarse. Por ahora no tenemos más compras virtuales entre nuestros chicos digitales.

Conocimientos monetarios avanzados

Algunas familias y escuelas alientan una alfabetización financiera más avanzada. Por ejemplo, siguen los mercados de valores en línea usando recursos como Morningstar o E-Trade. Mi sobrino estudia en una preparatoria pública en la ciudad de Nueva York, en donde los padres de algunos chicos trabajan en Wall Street. Los alumnos de su escuela pueden participar en un club de inversiones con el reto de que quien termine el año con más dinero virtual (no se invierte dinero real) gana un premio.

También puedes enseñarles a tus hijos a investigar a las empresas. Tal vez quieran apoyar a las empresas que practiquen el comercio justo o que asuman alguna otra postura ética. Por otro lado, me desconcertó un poco oír sobre todas las actividades comerciales a corto plazo que ocurrían en el club de inversiones de mi sobrino: en la vida real, la mayoría de los accionistas invierten a plazos que van más allá del año escolar, así que podrías lograr que tus hijos entendieran mejor la lección si les mostraras parte de tu crecimiento a largo plazo en un fondo de inversión o certificado de depósito, comparado con un concurso de inversiones a corto plazo.

Si a tus hijos les interesa vender las cosas que hacen, abrir una tienda en un sitio como Etsy podría ser un modo estupendo de aprender más sobre la nueva economía. Si los niños contribuyen sin paga en sitios como Wikipedia, discute con ellos sobre por qué a veces hacemos trabajo gratuito y cómo eso puede contribuir al bien común. Es importante enseñarles a usar la banca en línea, y a lo mejor crear cuentas donde puedan pagar sus propias cosas con el dinero que ahorraron (o que tuvieron la suerte de que les dieran). Para muchos niños, la escuela secundaria es un momento apropiado para alejarse de la realidad física de la alcancía y moverse hacia la gestión básica del dinero en línea.

Los niños también pueden aprender a seguirles la pista a sus finanzas por medio de aplicaciones como Mint. Y además puedes dejarlos echar un ojo a tus propias finanzas. Aunque prefieras que no conozcan tu salario, compartir un gráfico circular de los gastos de tu familia es un modo estupendo de ayudarlos a entender por qué tienes que trabajar, en qué gastas tu dinero y cómo planeas los gastos. Aprovecha esta oportunidad para enseñarles cómo y por qué ahorrar dinero, ¡y ayúdalos a que también aprecien lo extra! Al llegar a la secundaria, de verdad pueden empezar a entender ideas como el interés compuesto, los ahorros, la inflación, etcétera.

Otra mamá de la comunidad de crianza de nativos digitales discutió los pasos proactivos que están dando ella y su esposo para introducir a su hija de secundaria a la responsabilidad financiera:

> Le abrimos una cuenta de cheques cuando cumplió 13 años (¡le doy el crédito a mi mamá por haber hecho lo mismo conmigo en la secundaria!). Depositamos el domingo de mi hija para comprar ropa, dinero para su tarjeta de transporte y los pagos que le hacemos por cuidar a su hermano pequeño, y ella deposita el efectivo de otros trabajos y regalos monetarios. Paga sus gastos con su tarjeta de débito. Es su responsabilidad cuadrar las cuentas de la chequera (con Quicken) si quiere que le reembolsemos algo (como el abono del transporte). Se ha vuelto muy consciente del valor de las cosas, y espera a las rebajas para comprar un artículo, etcétera.

Ron Lieber, columnista de finanzas personales de *The New York Times* y autor de *The Opposite of Spoiled* [Lo contrario de mimado], aconseja una relativa transparencia en torno a las cuestiones del dinero y en especial una honestidad acorde con la edad en respuesta a las preguntas.[8] A los niños no les interesa tanto entender exactamente cuánto ganas sino cuánto gastas. Tal vez quieran conocer tu salario, cuánto gastan en la colegiatura o cuánto costó la casa. En muchos casos, si pueden investigarlo en internet (por ejemplo, si tienen 6 años o más), a lo mejor ni siquiera tengan que preguntártelo, ya que la información está más que disponible. Igual que con temas como el sexo, lo mejor es que te pregunten a ti del dinero. Prepárate para el día en que tus hijos se te acerquen con información financiera personal

---

[8] Ron Lieber, *The Opposite of Spoiled: Raising Kids Who Are Grounded, Generous, and Smart About Money*, Nueva York, Harper, 2015, pp. 40-41.

(como tu salario o el precio de tu hogar) de la que se enteraron por medio de una búsqueda en internet, y quieran saber más.

La alfabetización (y la confianza) financiera

¿Qué tanta confianza puedes tener en tus hijos de forma realista cuando se trata de manejar el dinero? ¿Queremos que nuestros hijos tengan acceso algún día a nuestras tarjetas de crédito o a las cuentas que tienen habilitadas tarjetas de crédito? ¿Un niño que jamás te sacaría un billete de la cartera podría usar tu contraseña para hacer algún pedido? ¿Has establecido con claridad que se necesita permiso (en ambos casos)? Aquí hay algunas preguntas que debes hacerte:

- ¿Sabes cómo bloquear a tu hijo para impedirle hacer compras en línea o dentro de las aplicaciones?
- ¿Tu iPad es camino abierto a Amazon? Si les diste tu contraseña de Amazon a tus hijos para ver una película o una serie, no te sorprendas si se dan cuenta de que pueden hacer otras compras.
- ¿Sabes cómo gestionar una Apple ID compartida? Muchas familias en el universo Apple han descubierto que tener un Apple ID es un arma de doble filo. Todo lo que se descargue se vuelve accesible para todos, pero tus hijos podrían sentir que tener un Apple ID vinculado a tu tarjeta de crédito es como tener carta blanca.

Hace poco cené con unos maravillosos amigos de la familia que están criando a tres amables y atentos hijos. El hijo de en medio, un niño de tercero de secundaria, estaba hablando sobre su liga de futbol de fantasía y, en particular, de lo bien que le estaba yendo. Le pregunté con (cierta) inocencia si juegan por puntos o por dinero. Gracias a otros amigos adultos y colegas sé que a menudo se intercambia dinero en el futbol de fantasía.

El joven dijo que estaban considerando intercambiar dinero, pero que no querían mandar efectivo por correo. Jugaba más que nada con amigos adolescentes del campamento de verano y no eran de la zona, así que estaban pensando en usar PayPal. Su padre le dijo: "No, eso no lo puedes hacer: no puedes apostar dinero". Y, en broma, el hijo respondió: "Entonces mejor no te cuento si lo hacemos". ¡Cielos!

Este momento clásico abrió una conversación que probablemente continuó después de que los invitados nos fuimos. En esa familia hay mucha confianza bien ganada entre los adultos y niños, así que estoy segura de que seguirán con la discusión. Pero esto también subraya un asunto con el que nuestros padres simplemente no tuvieron que lidiar.

Un enfoque que podría tomar la familia es decir: "No puedes tener acceso a una tarjeta de crédito para usar PayPal, y te prohíbo que vincules tu cuenta de banco a PayPal". Otra sería dejar que el niño experimente con las apuestas y pierda (o gane) dinero. Aunque para muchos niños la experiencia de perder o ganar un poco de dinero de este modo sería una experiencia de aprendizaje, también podría ser peligroso. Y ¿quién fija los límites de cuánto está bien perder o ganar?

A fin de cuentas, los padres deben delinear con claridad lo que permitirán y lo que no y, al mismo tiempo, tienen que reconocer que sus hijos son capaces de hacer estas cosas a sus espaldas. Deben dejar claro que esperan que sus hijos conserven su confianza haciendo lo correcto.

Esta historia es oportuna para hablar de algunos de los retos de tener una vida conectada. Primero que nada, nuestros hijos están acostumbrados a que lleguen cajas de Amazon con objetos deseados adentro. Es muy fácil perder el rastro de los gastos, en especial cuando nuestras tarjetas de crédito están habilitadas para hacer pedidos con solo tocar un botón. Para limitar la impulsividad, yo uso contraseñas que a propósito son difíciles y que tengo que buscar para poder acceder a cuentas como Amazon: eso me da una pausa adicional.

LAS FAMILIAS CONECTADAS

La vida familiar en la era digital puede ser muy divertida. Es entretenido ver en las redes sociales a sobrinas que viven lejos y hablar con los abuelos por medio de Skype. Puede ser divertido jugar Words with Friends con tu suegra o intercambiar mensajes con tu adolescente. Establecer rutinas y cuidar del espacio en el hogar te puede servir de mucho para disponer el camino al éxito, para que no tengas que vigilar el uso tecnológico de tus hijos, ¡y para que ellos no tengan que vigilar el tuyo! Aprovecha los hitos clave (el Año Nuevo, los cumpleaños) para revisar y ver si estás contento con el balance actual de la tecnología en tu familia y para reflexionar sobre qué pequeños o grandes cambios quisieras hacer.

SIETE

LA AMISTAD Y EL NOVIAZGO
EN LA ERA DIGITAL

Aprender sobre la amistad es una de las experiencias más cruciales en el crecimiento de nuestros hijos. Las interacciones y retos que surgen con los amigos, mediados por los juegos, las redes sociales, los chats grupales o los videochats no son del todo distintos de los retos de lidiar con estas relaciones en persona, pero hay algunas nuevas reglas sociales y matices que podemos ayudar a entender a nuestros hijos. Algunos jóvenes empiezan a tener sus primeros enamoramientos y, posiblemente, noviazgos en la secundaria o preparatoria. Al igual que las amistades, estas relaciones románticas no son tan distintas de lo que siempre han sido las relaciones juveniles (por ejemplo, los bailes escolares siguen siendo terriblemente incómodos), pero tienen nuevas dimensiones que debemos considerar. Aquí hay algunos escenarios con los que podrías encontrarte:

- Has estado evitando conseguirle un celular a tu hija de sexto grado; pero, de repente, parece que todas sus amigas tienen uno. Todas están conectadas constantemente, haciendo planes, y tu hija no se quiere sentir excluida. Le das permiso de usar tu teléfono inteligente, pero con este plan te sale el tiro por la culata: estás harta de recibir mensajes de texto de niñas de 12 años. Y de ninguna manera piensas renunciar a tu teléfono para que tu hija tenga el festín de mensajes grupales de cada noche. Además, todavía no estás convencida de que esta sea la mejor manera de conectarse con sus amigas.

- Muchos de los amigos de tu hijo de tercero de primaria juegan un juego en línea juntos después de la escuela. Quieres que haga su tarea y un poco de ejercicio después de la escuela, así que le limitas los juegos en línea a solo los fines de semana. Pero se siente excluido y dice que se está atrasando en el juego. Peor aún, parece que también está afectando a sus amistades en la escuela, fuera de línea.

- Juntas, tú y tu hija de 11 años están revisando su correo electrónico y ves respuestas automáticas de Twitter, Instagram y otras aplicaciones sociales. Te enojas porque pensabas que habían acordado que esperaría hasta los 13 años para abrir estas cuentas. Tras examinarlas más detenidamente, te queda claro que las cuentas pertenecen a su mejor amiga, una niña que conoces desde hace años. Simplemente usó el correo electrónico de tu hija para crearlas, ya que sus papás —quienes en general son más estrictos que tú— no le dieron permiso de tener correo electrónico. ¿Cómo respondes?

- Tu hijo vuelve de un viaje con los *scouts* donde le mostraron mensajes y, posiblemente, fotos de una niña de un grado mayor de quien todos los niños de la escuela parecen estar hablando. Él se siente mal, porque sus amigos lo iban molestando en el transporte por no querer ver las fotos.

A veces uno siente que no habría problema en criar a los hijos con tanta tecnología... ¡de no ser por los demás niños! Describiré algunos de los obstáculos que enfrentarás a medida que vayan creciendo y que cambian las amistades de tu hijo, así como los comportamientos positivos que deseamos que siga.

AMISTADES SANAS EN EL MUNDO DIGITAL

Tomemos un minuto para delinear qué es lo que estamos buscando. Este es el modelo ideal de un niño que está listo para construir y alimentar amistades sanas tanto en el mundo digital como cara a cara:

- Entiende la diferencia entre un amigo en línea y uno fuera de línea.
- Puede establecer claramente sus límites.
- Entiende que la popularidad no se mide según la cantidad de seguidores de Instagram.
- Es sensible a las cuestiones de exclusión y puede identificar cuando está sucediendo.
- Entiende cómo usar las configuraciones de privacidad para ayudar a gestionar sus perfiles sociales.
- Siente seguridad y tiene consideración en su modo de lidiar con los noviazgos y relaciones románticas.
- Reconoce que surgirán conflictos, pero sabe cómo quedarse fuera de línea cuando eso sucede.
- Puede distinguir entre los resquemores típicos y la crueldad en línea.

Muchas de las experiencias de amistad de tus hijos se parecerán a tus propias experiencias de la niñez: encontrar una nueva mejor amiga, pasar mucho tiempo juntos y luego quizás un disgusto. Está el grupo de amigos que siempre está cambiando y la búsqueda interna de poder en el grupo. Están la timidez y los traspiés sociales. Y sí, todavía existen los chicos populares, los excluidos sociales y los que están en medio, así como existían en tus días de escuela.

Eso es estupendo: te da un marco de referencia y te ayuda a entender la experiencia de tu hijo. Pero no te equivoques: el mundo nuevo y siempre encendido y conectado de tus hijos presenta algunas diferencias importantes. Si encima agregas temas como la exclusión, el conflicto y la crueldad en línea, podrás ver por qué los padres de hoy están llenos de ansiedad. Lo veo todos los días en mis consultas.

LAS MISMAS COSAS, EN UN AMBIENTE (DIGITAL) DISTINTO

Los niños de hoy pasan el rato en las redes sociales, ya no en la puerta de casa, el patio trasero, los estacionamientos o los centros comerciales. ¿Creciste en una ciudad, un suburbio o una zona rural? ¿Dónde te reunías con los amigos? En tercero de secundaria, mis amigas y yo encontramos un baño que nadie usaba a un lado del auditorio de la preparatoria. Comíamos ahí para evitar las multitudes de la cafetería y para tener un espacio propio. Los niños buscan lugares en donde puedan estar con sus compañeros y lejos de la mirada vigilante de los adultos.

Ahora las redes sociales y los juegos en línea son los lugares de reunión primordiales. Una de las maneras en que muchos niños intentan encajar tiene que ver simplemente con usar chats grupales o ciertas aplicaciones sociales, y que te vean usándolos. Es posible que estén socializando con sus amigos o con un grupo de compañeros más amplio, y las dinámicas no solo son distintas en cada grupo, sino que cambian todo el tiempo. Además, es como si las reglas del juego las establecieran algunos y los demás solo las siguieran.

Puede ser que tu hijo esté participando en un chat grupal pero de todos modos se sienta excluido, mientras que otro niño podría ni enterarse de que algo está mal. Lo más probable es que, para los que son inconformistas en la secundaria, sea más fácil volverse tan "raros" que de verdad no les importe lo que piensen los demás niños. Pero, por lo que observo de los niños de secundaria, eso no es tan común que digamos. Es justo como lo que recuerdas de tu época en la escuela. Tener una tribu de compañeros inconformistas puede ser útil. Podría tratarse de solo uno o dos amigos con quienes sentarse a la hora del almuerzo o con quienes hacer otras actividades.

LAS DIFERENCIAS SOCIALES DE LO ANÁLOGO A LO DIGITAL

Probablemente, las generaciones anteriores tenían un mayor rango de independencia y más tiempo sin planificar del que tienen nuestros hijos hoy. Eso afectaba la intensidad de nuestras amistades y la manera de resolver los conflictos y las luchas de poder. Además, considera que es posible que tengas una personalidad muy distinta a la de tu hijo: a lo mejor tu familia se mudaba de casa todo el tiempo y tuviste que desarrollar un repertorio de habilidades para hacer amigos; en cambio, tu hijo ha tenido el mismo mejor amigo desde preescolar hasta el presente. Una diferencia con nuestras propias infancias es que los chismes escolares y el drama pueden llegar con mucha más facilidad a nuestros hijos por medio de los mensajes de texto y las redes sociales.

Por eso, y en especial si el drama social está afectando negativamente la vida de tu hija, quizá deberías considerar ayudarla a conectarse con otra comunidad. Hay muchos lugares para ponerse en contacto con otros niños afuera de la escuela: los *scouts*, algún grupo juvenil de tu comunidad religiosa, clases o clubes en parques locales y departamentos de recreación o grupos comunitarios, etc. Mi propia experiencia con esto amplió mucho mi perspectiva sobre el mundo que está más allá: cuando estaba en la secundaria (y no era exactamente la más bella del baile en segundo de secundaria), me metí a un club de fotografía cuyos miembros eran en su mayoría jubilados. Fue una experiencia completamente distinta para mí, y ellos fueron muy amables conmigo. Fue un regalo inesperado salir de la burbuja de otros chicos de 13 años.

Es complicado crecer y descubrir quién eres, y no queremos que nuestros hijos tengan que consultar con la multitud para conocer su identidad en el ámbito digital. Obsesionarse con la retroalimentación diaria y cosas por el estilo solo puede transformarse en un ciclo que aumenta la inseguridad. Lo que buscas es ayudar a tu hija a reclamar su derecho a una identidad y concentrarse en ser una buena amiga con aquellos que son solidarios y amables. Esto debería extenderse desde las interacciones del mundo real hacia las relaciones en línea, a las redes sociales y a los juegos en línea también. Cuanto más las redes sociales hagan sentir mal a tus hijos, más importante es que al menos parte del tiempo después de la escuela y la tarde estén desconectados.

Diferencias con los viejos tiempos:

- Podías esconderte en casa del drama de la escuela.
- Era improbable que los adultos vieran el drama o la crueldad que se desarrollaba entre los niños (esto todavía puede ser cierto, aunque a veces los niños puedan imprimir una transcripción o reenviar los comentarios desagradables).
- Los niños solo podían compararse con gente que conocían localmente (para muchos niños, es una ventaja tener un rango más amplio de pares y potenciales modelos a seguir).

CUANDO DUELE SEGUIR

Si tus hijos siguen a alguien en las redes sociales que consistentemente realiza post que los hacen sentirse excluidos, podrías sugerirles que dejen de seguir a esa persona por una semana. Seguramente, sentirían que es demasiado extrema una desconexión permanente o borrar la aplicación, pero ayudará si la presentas como una *medida temporal*. Una vez que tu hijo vea que se siente mejor, es posible que decida extenderla o mantener la desconexión.

A veces la mejor opción es borrar la aplicación (o, simplemente, esperar antes de unirse a un espacio social). Karina, una niña de quinto grado, me contó que otra niña la había bloqueado en una aplicación. Puede ser muy doloroso que te bloqueen, pero la verdad es que podría ser mejor que ver todo lo que esa persona comparte. Esta niña era varios años más joven de lo que aconsejan los lineamientos de la mayoría de las aplicaciones sociales (que sugieren que tengan 13 años o más), y la entrada temprana de Karina en ese ambiente le estaba provocando sentimientos negativos que superaban cualquier beneficio. Este es un escenario que exige una guía parental y, probablemente, deshacerse de la aplicación por un rato.

EL IMPACTO SOBRE LA IDENTIDAD

Los niños de secundaria en especial se encuentran un momento clave de su desarrollo. Están comenzando a formar su propia identidad, probando nuevas personalidades y poniendo a prueba los límites cada día. Si tienes a un niño de sexto grado de primaria en casa en este momento, sabes exactamente de qué estoy hablando. Aunque esta búsqueda de identidad no es nueva, luce un poco distinta cuando agregas las redes sociales a un tiempo que de por sí es intenso y complicado.

Parte de nuestro papel como padres es hablar con nuestros hijos sobre qué compartir, y de las decisiones que tomamos sobre cuándo asimilarnos con los demás y cuándo resistirnos a la conformidad.

Algunos niños comienzan siendo independientes, pero se van volviendo más conformistas en secundaria, como una manera de sobrevivir a la selección social que se da y que a veces es muy dura. Otros niños llevan toda la vida tratando de encajar y tienden a seguir a la multitud. De la mejor manera que puedas, resístete a tus propios juicios sobre la conformidad (o inconformidad) de tu hija y mejor ayúdala a verla por sí misma. Estás buscando que se sienta segura de sus decisiones. Los padres podemos coincidir en que no queremos que nuestras hijas renuncien al *hockey* sobre hielo si les encanta, solo porque muchas de sus amigas prefieren la gimnasia. Por otro lado, si tu hija quiere tener exactamente la misma diadema que sus amigas, no juzgues.

Ira Glass, conductor del popular programa documental de radio *This American Life,* entrevistó a tres niñas de tercero de secundaria (dos de 14 años y una de 15) sobre cómo los comentarios de las fotos que comparten refuerzan sus amistades.[1] Vale la pena tomar nota de esto, no porque estas reglas sean universales, sino para que logremos entender que el grupo en el que circulan nuestros hijos tiene ciertas reglas, no importa qué grupo sea.

Por ejemplo, las niñas dijeron que comentar la foto de otra persona puede ser una manera de conocerla, o dejarle saber que quizá quieras volverte su amiga, "en especial porque nosotras apenas empezaremos la preparatoria, así que estamos conociendo a mucha gente nueva. Así que puedes comentar la foto de alguien con la que no tienes una relación particularmente cercana o que en realidad no cono-

---

[1] Ira Glass, *This American Life,* transcripción del episodio 573, "Status Update", National Public Radio, 2 de noviembre de 2015, recuperado el 31 de enero de 2016.

ces tan bien. Y es como una declaración, como 'quiero ser tu amiga', o 'quiero llegar a conocerte', o 'me parece que eres genial'".[2]

Las chicas también discutieron la importancia de la reciprocidad: si recibes un comentario, quizás esperen que comentes una de las fotos del comentador. Las niñas señalaron que, cuando los amigos cercanos no comentan sobre una foto compartida, "definitivamente te sientes insegura. Porque esperas que comenten, y no lo hacen, y entonces te quedas, pues, ¿por qué?". Una chica, Jane, describió cómo una no respuesta se puede sentir como un rechazo: "Es como '¿qué tal si lo vieron y a propósito no le están dando me gusta?' o '¿qué tal si todos lo ven y piensan que en realidad no somos amigas, porque no están comentando nada ahí?'. Todavía no comentan. Ya pasó equis cantidad de tiempo, y todavía no le dan un 'me gusta'".

Todas las niñas reconocieron que no piden respuestas y que "parece un poco superficial" esperar comentarios todo el tiempo, pero también se sienten obligadas a mantenerse al día con las expectativas compartidas.

Aunque las chicas mencionan que sus papás creen que es una pérdida de tiempo enfocarse tanto en los comentarios, los padres harían bien en sentir empatía por la necesidad que tienen los chicos de recibir refuerzos positivos a esta edad. Las posibilidades de la retroalimentación constante, combinadas con los retos de esta etapa de la adolescencia, pueden crear un ciclo irresistible. Pero a menudo el ciclo deja a los chicos sedientos de más, sin importar cuántos comentarios reciban. Para los padres, es útil mantener el sentido del humor y la perspectiva sobre los rituales de los adolescentes. Aquí las niñas parecen entender el escepticismo de sus padres, y eso es algo agradable en los adolescentes: un niño de 9 años podría sentir cierta desazón si sus padres piensan que algo que a él le importa es una tontería, pero a menudo un chico de 14 años puede ver las dos perspectivas y percibir su propia e intensa necesidad de recibir y dar respuestas con sentido del humor. Cultivar esa distancia y perspectiva es parte del crecimiento. Una de las niñas, Elsa, cita a su madre diciendo: "¿Por qué todos están haciendo esto? Digo, ¿por qué hay cincuenta perso-

---

[2] *Idem.*

nas que sienten la necesidad de decirte que estás bonita?". Y Julia cree que su papá piensa que es "básicamente una tontería".

AMIGOS *VERSUS* SEGUIDORES

Nos guste o no, el concepto de *amigo* ha sido redefinido de alguna manera por las redes sociales, y vale la pena entender la diferencia para poder ayudar a nuestros hijos a que la entiendan. Sin duda, hoy en día las amistades en línea le agregan retos a la esfera social, ¡como si de por sí no fuera complicado!

Hoy, los niños lidian con un público mucho mayor del que nos tocó a nosotros. El "público" es doble: *1)* el público conformado por sus conocidos y *2)* el resto del mundo conformado por quienes, por alguna razón, ven sus post.

Una de las preguntas siempre presentes en torno a las redes sociales, ya sea que lleves años usándolas o apenas hayas comenzado, es el tamaño de tu audiencia y a quién incluye. El ecosistema que rodea a cada usuario es único, como una huella digital. Todo el que use una plataforma social tiene un universo de amigos o seguidores, y los que usan más de una plataforma pueden incluso tener múltiples universos. Estos universos podrían ser muy pequeños o bastante grandes. En las plataformas abiertas como Twitter, las audiencias pueden crecer y alcanzar números que son difíciles de comprender, y no hay manera de que puedas conocer a todos tus seguidores en persona.

Muchos adultos podrán sentirse identificados con la experiencia de haber sentido, en los primeros días de Facebook, como si tuvieran que aceptar a cualquiera que les enviara solicitud. Incluso ahora, si un colega u otra persona que conoces profesionalmente quiere volverse tu amigo, puede ser incómodo rehusarte. Tal vez sean útiles los límites claros; por ejemplo: "No acepto solicitudes de amistad de la gente de mi trabajo".

Es especialmente necesario establecer límites firmes para los niños más pequeños. Por ejemplo, quizá no les permitan aceptar la amistad de personas que ustedes (los padres) no conocen. Cuando discutas con niños más pequeños lo que se espera del comportamiento de sus compañeros o amigos, según qué tan sofisticados sean tus hijos socialmente, recalca la noción de los amigos cercanos en contraste con un círculo mayor. Vale la pena hacer esto incluso antes de que estén en las redes sociales. Háblales de lo que hace que un amigo sea bueno, o pregúntales sobre un amigo que tienen y las razones por las que es bueno.

En mis talleres con niños de tercero de primaria, a menudo pregunto qué es lo que hace que un amigo sea bueno. A lo mejor recuerdas que en el capítulo 3 decían "alguien que sea amable", "alguien con quien te diviertas", "alguien que comparte", "alguien que no sea malo" o "alguien con quien me siento bien cuando paso el rato". No es sorprendente que sus respuestas fueran parecidas cuando les pregunté qué vuelve a una persona buena para jugar con ellos. Les gusta un amigo que "no se enoja tan fácilmente", "no hace trampa" o que "no quiere dejar de jugar cuando no está ganando". Simplemente entablar estas conversaciones puede llevarlos a entender qué quiere decir establecer límites.

La meta aquí es que el entendimiento de la amistad se vuelva parte de sus valores, en vez de un patrón de comportamiento vinculado a una plataforma en particular o a las redes sociales en general. No es solo la gestión o etiqueta de las redes sociales: es parte de sus valores fundamentales. Esa es la ciudadanía digital.

CÓMO DIFERENCIAR A LOS AMIGOS

Es importante enseñarles a nuestros hijos la diferencia entre los amigos de verdad y nuestro público de redes sociales. ¿Cuáles son los criterios para cada categoría? ¿Cómo sabes la diferencia? ¿Puedes ser amigo de alguien a quien nunca conociste en persona o con quien jamás has hablado por teléfono? ¿Puede un seguidor volverse un amigo?

Comienza por establecer algunos límites sencillos. Si las redes sociales son nuevas para tu hija, ayúdala a comenzar con "rueditas de entrenamiento" digitales. Tal vez puedas afirmar que solo quieres que siga a gente que ya conoce. Podrías incluso estipular que es importante que también *tú* los conozcas, si tienes preocupaciones. A lo mejor esta no sea una regla permanente, pero puedes empezar así. Haz que tu hijo ponga su cuenta en privado, para que tenga que aprobar cada solicitud que le hagan para seguirlo.

Las configuraciones de privacidad y las políticas de las plataformas de redes sociales cambian con tanta frecuencia que hay pocos consejos específicos que pueda proporcionar aquí y que resulten duraderos. Es útil usar estrategias que perdurarán (como hacer que tu hijo te muestre las cuentas de otros niños que le parecen positivas o negativas), sin importar qué cambios se lleven a cabo en las plataformas. Las tácticas específicas para cada aplicación solo serán útiles mientras la aplicación siga ahí, ¡o hasta que la aplicación cambie sus configuraciones! Una técnica que utilizo es teclear "configurar privacidad NOMBREDE-LAAPLICACIÓN 20_ (AÑO ACTUAL)" en mi motor de búsqueda favorito para encontrar artículos recientes sobre cuestiones de privacidad o actualizaciones. Cuando Snapchat fue víctima de un ciberataque en 2015, 46 millones de usuarios aprendieron por las malas que las redes sociales no son el mejor lugar para compartir tus imágenes y actualizaciones más privadas.

EL ROMANCE Y LOS ENAMORAMIENTOS EN LA ERA DIGITAL

El Internet and American Life Project (Proyecto del Internet y la Vida Estadounidense) del Pew Research Center es una de mis fuentes preferidas para buscar datos útiles sobre las maneras en que las familias y los niños usan la tecnología. En octubre de 2015, el centro publicó un estudio que mostraba que (¡sorpresa!) los niños todavía se están enamorando, tienen amores platónicos, se siguen enojando, se desquitan, etc.[3] Así que las cosas no han cambiado, o no tanto. Pero tengo buenas noticias para aquellos papás que se preocupan por las complicaciones que acarrea la tecnología en el noviazgo: al menos en 2015, la mayoría de los chicos no estaban conociendo o enganchándose con otra gente en línea.

---

[3] Amanda Lenhart, Monica Anderson y Aaron Smith, "Teens, technology and romantic relationships", Pew Research Center, 1 de octubre de 2015, recuperado el 31 de enero de 2016, http://www.pewinternet.org/2015/10/01/teens-technology-and-romantic-relationships/

A veces podría parecer como si el mundo del noviazgo se hubiera trasladado por completo a internet, pero, según el mismo estudio de Pew, solo 8% de los adolescentes estadounidenses han conocido a una pareja romántica en línea.[4] Aunque algunos jóvenes utilizan Tinder, Grindr y otras aplicaciones para ligar, se supone que estas solo las deben utilizar los que tienen 18 años o más. Además, como me dijo la mamá de un niño de tercero de secundaria, a pesar de que este tipo de aplicación parece tener implicaciones tan subidas de tono, su hijo Alex empezó una relación tradicional con una chica, Thalía, a quien conoció por medio de Tinder. Hoy en día, *tradicional* significa que la mamá de Alex lo llevó a una librería-café a conocer a Thalía en persona por primera vez, mientras ella lo esperaba afuera. Desde entonces la mamá de Alex ya conoció a los papás de Thalía y las familias se han reunido para ir a los partidos de basquetbol de los chicos y a las obras de teatro escolares. Aunque Alex y Thalía viven a veinte minutos de distancia, en distintos suburbios, y de otro modo podrían no haberse conocido, su relación en sí no parece ser tan distinta de la que tendrían de haberse conocido en una competencia de natación o en un concurso de debates.

Para los niños que son gays, lesbianas, bisexuales, transgénero o lo que se conoce como *questioning* (que lo estarán cuestionando), las redes sociales e internet constituyen fuentes increíblemente positivas de validación, información y comunidad. Pero también pueden ser sitios de acoso, así que los adultos deben ser conscientes de esta posibilidad. Para los jóvenes que intentan lidiar con identidades en distintas situaciones (por ejemplo, los niños que ya salieron del clóset en algunos ambientes, pero no en otros), las redes sociales presentan muchas complicaciones. Aquí hay algunos recursos estupendos para esos niños y sus familias: http://www.safeschoolscoalition.org/, http://www.glsen.org/y http://www.impactprogram.org/lgbtq-youth/yout-blog/, así como el libro que mencioné en el capítulo 5, *This Is a Book for Parents of Gay Kids*.[5] Además, todos los niños necesitan informa-

---

[4] *Idem.*

[5] En español, los lectores pueden consultar James Dawson, *Este libro es gay*, Urano, 2014. [N. de la E.].

ción apropiada para su edad sobre la sexualidad, el cuerpo y la salud sexual.

CON LA CONSTANTE CONECTIVIDAD, CAMBIAN LAS EXPECTATIVAS

Cuando los adolescentes o preadolescentes se involucran románticamente, el que haya disponible una conexión todo el tiempo sin duda afecta sus expectativas. Esto va en paralelo con los cambios en las expectativas que enfrentamos en nuestras propias relaciones como adultos: por ejemplo, mi esposo y yo éramos novios desde antes de los celulares, pero hoy nuestras expectativas para estar en contacto (¡aunque menores que las de los adolescentes!) son más altas de lo que eran antes de que lleváramos esos dispositivos con nosotros todo el tiempo. Un total de 85% de los jóvenes encuestados esperaban tener noticias de sus parejas al menos una vez al día, y ¡11% esperaban tener noticias de sus parejas cada hora![6]

Los adolescentes apenas se están acostumbrando a los cambios físicos y emocionales que conlleva la pubertad, y uno de estos es sentir un repentino enamoramiento por otros chicos de su edad. En el pasado, los coqueteos podrían haberse limitado a un almuerzo y ocasionalmente a ver una película, pero hoy todas las parejas pueden mantenerse en un contacto interminable por medio de sus teléfonos. Cuando hables con tu hija, recuérdale que el hecho de que en todo momento pueda contactar con la persona que le gusta no significa que lo tenga que hacer: está bien no textear.

Por otro lado, el coqueteo, lanzar indirectas y tratar de entender qué tan mutuo es el interés (preocupaciones de todos los tiempos) se han trasladado más hacia el ámbito digital. En el estudio Pew, 50% de los adolescentes reportaron que usaban Facebook o alguna otra plataforma social para coquetear o expresar intenciones románticas.[7]

---

[6] Amanda Lenhart, Monica Anderson y Aaron Smith, "Teens, technology and romantic relationships".

[7] *Idem.*

Aunque a lo mejor los chicos sigan prefiriendo conocer a sus parejas románticas en la escuela o por medio de los amigos, a menudo es en las redes sociales donde se sienten más cómodos discutiendo sus sentimientos.

Los niños pueden ser torpes, ineptos e inmaduros cuando se trata de las relaciones. Después de todo, ¡son niños! En uno de mis grupos focales, una niña describió la manera en que unos niños la estuvieron atosigando con un mensaje tras otro, hasta que ella contestó. Luego uno de los niños borró los mensajes anteriores, para que pareciera como si ella le hubiera enviado el primer mensaje, para mostrárselo a sus amigos: "Mira, ¡me texteó!". Los niños en ambos lados de este intercambio podrían beneficiarse de la mentoría adulta, o descifrarlo ellos solos a través de la prueba y error.

Piensa en cómo podrías mentorizar a tus hijos en cada extremo de ese intercambio de mensajes en donde el niño atosigó a la niña para que le enviara un mensaje. Pregúntales a tus hijos: ¿cuáles son las cosas más molestas que hacen otros niños en estos espacios digitales? ¿Y cómo manejan los niños estas cosas cuando ocurren? Un padre de familia señaló que el juego "besar, casarse y matar" se puede jugar en persona; las conexiones digitales solo hacen que sea más fácil que las respuestas se compartan por todos lados. Habla con tus hijos sobre los posibles resultados de que la gente envíe o publique mensajes cuya intención original era que quedara entre amigos. ¿Siempre se honra esa intención? Pregúntale a tu hija si alguna vez ha visto que alguien comparta una captura de pantalla de los mensajes personales de otra persona. ¿Por qué la gente hace eso? ¿Hay veces en que está bien? ¿Cómo te puedes proteger, sabiendo que esa situación no solo es técnicamente posible, sino que sucede con frecuencia?

PARA LIDIAR CON ATENCIÓN NO DESEADA

Además de reunirse o de comenzar relaciones románticas, los niños están negociando rupturas y se están defendiendo de la atención indeseable, tanto de los modos tradicionales (frente a frente y hablando por teléfono) como en el ámbito digital (redes sociales, mensajes, correo electrónico). El estudio Pew reporta que 25% de todos los adolescentes han quitado a alguien de su lista de amigos o lo han bloqueado en las redes sociales porque la persona estaba coqueteando de un modo que los hacía sentir incómodos.[8] Quizá no sorprenda que sean las adolescentes las que tienden a recibir este incómodo coqueteo en línea, y 35% reportó que le habían quitado la amistad o bloqueado a alguien, más del doble que el 16% de varones que habían hecho lo mismo.[9]

Una manera de abrir la puerta para conversaciones acerca de estas experiencias es preguntarle a tu hija si ella o sus amigas alguna vez han tenido que bloquear a alguien por ser demasiado directo o persistente. Asegúrate de que sepa que el comportamiento agresivo es inaceptable y que no tiene por qué tolerarlo. Si el comportamiento no termina cuando ella retira la amistad o bloquea al perpetrador, es posible que tengas que ponerte en contacto con la escuela, o incluso con las autoridades.

El acoso puede aparecer de muchas maneras. Por ejemplo, compartiendo una historia sexual (ya sea cierta, medio cierta o completamente inventada) sobre otra persona.

En una de mis charlas para padres, una de las mamás me contó que su hija dejó abierta una aplicación para mensajes en el celular. Vio que su hija le había texteado a un chico después de un evento para jóvenes en el que pasaron la noche en la sinagoga, y decía: "No puedo creer que les hayas contado a todos que ¢@$#mos, ¡jamás me acercaría a ti, y lo sabes!". En el intercambio de mensajes, el chico se disculpaba y la chica decía: "Nunca más vuelvas a decir mentiras sobre mí". Al final parece que hicieron las paces con una actitud mutua de "Va, ya estamos bien". En vez de confrontar a su hija o siquiera mencionar la situación, la mamá se sintió orgullosa de que su hija se hubiera defendido. Tomó nota de que los niños de la edad de su hija estaban hablando (si no es que algo más) de sexo, y se aseguró de estar más en contacto con su hija respecto al tema de las relaciones y el sexo, aunque nunca mencionó la situación.

---

[8] *Idem.*

[9] *Idem.*

Aunque es más probable que las chicas enfrenten acoso o sientan que tienen que bloquear un "coqueteo" agresivo, debo subrayar que eso de perseguir al otro con exceso de entusiasmo definitivamente va en ambas direcciones. Muchos padres me han contado que sus hijos varones reciben una multitud de llamadas o mensajes de chicas y que a veces no saben cómo lidiar con eso. En especial de quinto de primaria a primero de secundaria, las chicas pueden estar interesadas en los chicos en un momento en el que ellos todavía no están listos. Aprender a lidiar con alguien que no corresponde tus sentimientos es uno de los principales hitos de crecer y aprender del amor y el noviazgo. La esfera social más amplia puede matizar más las interacciones, así que nos toca a los padres ayudar a nuestros hijos, guiándolos y fijando límites a medida que van siendo necesarios.

Los papás de un niño me contaron de una conversación que tuvieron con los papás de otra niña: "Les dije a los papás de la niña que le estaba enviando mensajes a mi hijo de treinta a cuarenta veces al día, a todas horas, pero no hacen nada al respecto". Queda claro que la situación exige a gritos que se establezcan límites. Un niño más pequeño podría no saber cómo responder, o podría responder de modo cruel o vergonzoso (por ejemplo, compartir los mensajes con todos). Piénsalo: eso solo empeoraría una situación de por sí mala. Otra madre me contó que su hija estaba embelesada con un niño y recibió un mensaje muy cruel como respuesta. Cuando ella se lo contó a la mamá del niño (las dos ya se conocían), la mamá le dio poca importancia, lo que decepcionó y sorprendió a la mamá de la chica.

Si otros papás se acercan a ti para discutir el comportamiento de tu hijo, intenta no ponerte a la defensiva. Agradéceles que hayan acudido primero a ti, hazles saber que lo investigarás y luego repórtate con ellos para resolver el problema. Cuando trabajas con otros padres, puedes ayudar a guiar y mentorizar a tus hijos: la mentoría busca construir comunidades, no formar divisiones. Cuanto más sepamos de nuestros hijos y de sus grupos de pares, mejor podremos ayudarles a abrirse paso en sus mundos como ciudadanos digitales competentes y plenamente realizados.

LA TECNOLOGÍA ES FUNCIONAL, LA GENTE ES EMOCIONAL

Textear puede sentirse como un modo estupendo de mantenerse en contacto con los amigos, pero también tiene sus obstáculos. Es genial para tener intercambios veloces y hacer planes. Para la mayoría de los adultos, los mejores usos de los mensajes son funcionales y prácticos. Los temas emocionales, por otro lado, no se traducen bien a los mensajes de texto o redes sociales: son demasiado complejos para medios tan simples. Podemos hablar con los niños sobre apegarse a los aspectos funcionales, pero la realidad es que, si las relaciones se están llevando a cabo por medio de los mensajes, entonces también ahí estarán los rollos y sentimientos intensos. Habla con tus hijos sobre distintas situaciones que pueden suceder por medio de los mensajes, para que tengan una idea de lo que es apropiado y lo que no.

Los niños también necesitan mostrar paciencia cuando los amigos no responden. No hay nada más molesto que volver a tu teléfono y encontrar veinte mensajes de alguien que simplemente no pudo lidiar con el hecho de que estuvieras cenando o haciendo la tarea. Estos podrían ser mensajes que se envían desde un aplicación o mensajes tradicionales de texto. Ayúdales a tus hijos a imaginarse qué están haciendo sus amigos y fija límites para ellos, para que no sientan tanta ansiedad sobre las cosas de las que podrían estarse perdiendo.

Este mismo tema puede aparecer en los juegos en línea. Jonathan, mi experto en Minecraft de quinto de primaria, señaló que a veces no está jugando pero que deja la laptop abierta en Minecraft: en otras palabras, parece que todavía está jugando, aunque no sea el caso. Y cuando un jugador no responde de inmediato, puede producir cierto resquemor. Aunque Jonathan entiende el tema ("es posible que ni siquiera estés junto a tu computadora"), sus amigos a veces malinterpretan esta falta de respuesta como un rechazo intencional. Una solución es enseñarles a los niños a salirse del juego por completo, para que los demás sepan que no están activos en ese momento.

Textear y comunicarse son partes importantes de la esfera social de los chicos, así que invierte tiempo en ayudarlos a aprender las reglas tácitas. A partir de mi experiencia trabajando con niños, es frecuente que tengan muchas ganas de un espacio en donde discutir los retos que los mensajes conllevan. Aquí hay algunas preguntas que puedes hacerle a tu hijo sobre el envío de mensajes. En algunos casos, preguntar a un grupo de niños para que se involucren con este tema llega a provocar una discusión más profunda que tener una charla a solas con tu hijo.

- ¿Qué tienen de divertido los chats grupales y qué no?
- ¿Alguno de tus amigos te ha enviado demasiados mensajes o lo hace con demasiada frecuencia?
- ¿Qué deberías hacer si envías un mensaje y esa persona no te responde de inmediato?
- ¿Te ha pasado que alguno de tus amigos le muestre tus mensajes a alguien más?

Intenta quedarte tranquilo y sin reaccionar, y permite que tu hijo describa su experiencia.

LA EXCLUSIÓN EN LAS REDES SOCIALES

Intencionalmente o no, los niños excluyen a otros niños. En los espacios sociales del mundo real, es complicado manejar esto. En el mundo digital, las dinámicas son incluso más complejas.

Cada taller de redes sociales que hago con los niños les ofrece el espacio para hablar de uno de los principales problemas que las redes sociales exacerban: sentir que todos están juntos y que se están divirtiendo sin ti. Una cosa es enterarte de algo que te perdiste cuando ya pasó, pero es incluso más doloroso ver un post en tiempo real de los otros niños de alguna fiesta o reunión que se está llevando a cabo sin ti.

Los niños que asisten a mis talleres dicen que es particularmente doloroso ver este tipo de post sociales si un amigo les mintió, pero podrían sentirse mal aunque el amigo les dijera abiertamente que no podía pasar el rato con ellos porque tenía "otros planes" si ven que esos otros planes no los incluyeron. Hasta ver a niños con sus familias puede hacernos sentir que nos dejaron fuera. ¿Y por qué? La gente rara vez documenta las discusiones o a los niños peleando en el asiento trasero del auto: es más probable que compartan el único momento de dicha, o al menos el único momento en el que todos le están sonriendo a la cámara. Las redes sociales tienden a mostrar las visiones positivas de la vida (lo cual es bueno), pero pueden fijar estándares que son imposibles de igualar.

LA NATURALEZA PERFORMATIVA DE LAS REDES SOCIALES

Además de hacernos sentir que nos estamos perdiendo de ciertas experiencias, las redes sociales pueden llevarnos a sentir que, si no estamos constantemente ganando, sonriendo o viviendo un momento épico, entonces todo nuestro estado de ánimo o nuestra perspectiva frente a la vida está mal. Una de las cosas más importantes que los adultos pueden ofrecerles a los niños en nuestra época conectada es la información de que las redes sociales tienen un fuerte elemento performativo y que la gente está compartiendo únicamente partes de ellos mismos, a veces de modo calculado y a veces de modo irreflexivo.

Los padres sentimos mucha curiosidad de cómo es ser un adolescente o preadolescente con teléfono celular. ¿Qué se siente ser una niña de sexto grado que está viendo una pijamada a la que no la invitaron y que se está trasmitiendo en tiempo real en las redes sociales, mientras ella está en casa un sábado por la noche? ¿Es mejor cuando estás en primero de preparatoria, porque te sientes más seguro de ti mismo? ¿O es peor, porque puedes ver que hay varias actividades de las que te excluyen? A medida que van creciendo, los niños pueden volverse más hábiles para lidiar con las situaciones, pero para algunos niños la preparatoria e incluso la universidad pueden sentirse como una serie de eventos sociales de los que se sienten excluidos.

Discute con tus hijos las maneras en que la gente representa los vínculos sociales y la felicidad en las redes sociales, y explícales que esos post a veces encubren sentimientos de tristeza, falta de confianza en uno mismo e inseguridad. Después del suicidio de Madison Holleran, estudiante de la Universidad de Pensilvania, sus amigos sopesaron las imágenes felices que todos habían compartido de haber pasado el primer año de universidad sin preocupaciones, aunque —en privado— cada uno de ellos tuvo dificultades con la transición.

En un artículo conmovedor, *Los amigos de Madison Holleran comparten sus historias de vida sin filtro*,[10] cada uno de los amigos íntimos de Holleran comparte cómo se sentía de verdad en una foto donde, aparentemente, estaban felices y que postearon en Instagram. Es un artículo estupendo para compartir con los jóvenes de preparatoria sobre cómo a veces sentimos que las redes sociales son un espacio en el que tenemos que actuar.

¿QUÉ PUEDES HACER PARA AYUDAR?

Para ayudar a que tus hijos se sientan menos solos, comparte tus propias experiencias de sentimientos de exclusión. Anima a los niños que se sienten excluidos a que mejor se tomen unas pequeñas vacaciones de las redes sociales. En especial si tu hijo está en medio de una transición entre grupos de amigos o si terminó una amistad recientemente, puede ser un problema pasar demasiado tiempo enfocado en los examigos. Esto también es cierto para las relaciones románticas y noviazgos (veremos más de eso en este mismo capítulo). Es posible que nuestros hijos se sientan tentados a pasar horas siguiendo a sus antiguas enamoradas en las redes sociales, y debemos enseñarles alternativas a este comportamiento tan doloroso y dañino.

También les ayuda saber que pueden bloquear a ciertas personas o utilizar a sus padres como pretexto para pasar menos tiempo en las redes sociales. Realmente es mejor no saber que todos están pasando el rato sin ti y que a veces hasta están tratando de hacerte sentir mal al dejártelo saber. ¡Ay!

Estas son algunas buenas maneras de comenzar la conversación con tu hijo sobre las redes sociales:

- ¿Crees que algunos niños se sienten excluidos en las redes sociales (o chats grupales)?

---

[10] Kate Fagan, "Madison Holleran's friends share their unfiltered life stories", ESPN, 15 de mayo de 2015, http://espn.go.com/espnw/athletes-life/article/12779819/madison-holleran-friends-share-their-unfiltered-life-stories

- Describe un momento en el que te sentiste excluida por algo que viste en Instagram.
- Describe un momento en el que pensaste en no postear algo porque te preocupaba que otras personas pudieran sentirse excluidas.
- ¿Cuáles son algunas de las cosas que puedes hacer si estás viendo Instagram y sientes que te estás perdiendo de algo?
- ¿Alguna vez has sentido que si te tomas un descanso del teléfono, podrías perderte de algo realmente importante?
- ¿Crees que la gente alguna vez postea fotos a propósito en las que se están divirtiendo con los amigos para hacer que otros se sientan excluidos?
- ¿Qué podría ganar alguien haciendo algo así?

A continuación, algunas respuestas dadas por los chicos de un grupo de secundaria con los que trabajé a la pregunta de cómo puedes ayudarte a ti mismo para sentirte mejor cuando te excluyen:

- Ver una película.
- Tomar un helado.
- Llamar a otros amigos e invitarlos a casa.
- No lo estés viendo: ¡guarda el teléfono!
- Haz ejercicio.
- Pasa un rato con tu familia.

Estos niños admitieron que, si invitaban a otros amigos, podrían sentirse tentados a tomar y compartir fotos. Cuando le pregunté a una chica por qué querría compartir fotos, dijo que para "mostrar que tiene una vida fuera de la escuela". Otra dijo: "Es divertido compartir cuando estás haciendo cosas divertidas". Otros chicos señalaron que las redes sociales son una manera de marcar el momento y conservar memorias.

Les pregunté a los chicos: "¿Creen que la gente debería evitar compartir imágenes de eventos que excluyan a la gente?", y todos respondieron: "¡No! La gente tiene derecho a compartir". Una chica aclaró que "Una está bien, dos está de más y tres o más fotos de los mismos eventos empiezan a ser un poco odiosas". Como lo describí antes, las reglas son distintas en cada región y contexto, pero los niños están definiendo las reglas sociales de sus comunidades.

Guardar el teléfono es una estupenda idea que estos chicos de secundaria identificaron. Dile a tu hijo que un gran paso hacia el empoderamiento es no darle vueltas al tema de su exclusión.

EL CONFLICTO (Y SU REPARACIÓN)

Aunque la tecnología en sí no es normalmente la raíz de la angustia adolescente o preadolescente, sin duda puede exacerbar un problema. Si entendemos que el mundo digital es un mundo paralelo, entonces podemos ver que cada problema existe también en el mundo análogo, cara a cara. Pero cuando se meten los problemas en un ambiente digital, se puede ver que se van volviendo más complicados, o al menos se aprecian cada vez más niveles de complejidad.

En mis talleres para estudiantes, les pido a los niños que hagan lluvias de ideas sobre cómo corregir los errores que cometen en el ámbito digital. Un problema común es compartir de más, que ocurre cuando compartieron algo demasiado personal sobre ellos mismos. Otro tiene que ver con compartir las buenas noticias de un amigo, o incluso un secreto.

Los niños saben que no pueden volver a guardar en la caja lo que compartieron, ni tampoco el secreto, pero sus instintos les dicen que deben intentar limitar los daños, y rápidamente. En estos talleres, sugieren bajar el post ofensivo o borrar la foto y disculparse, o al menos dejarle saber a la gente que se trató de un error.

Pero ¿cómo pueden corregir las cosas? En muchos ambientes, desde los grupos juveniles hasta las escuelas religiosas o las escuelas públicas, he oído que se proponen soluciones que en sí son preocupantes. Por ejemplo, muchos niños intentarán "propagar algunas mentiras" para cubrir una verdad que compartieron. Otra es permitir la venganza. Por ejemplo, "Dejaré que mi amiga difunda un rumor sobre mí". Enmarañados en el error social, los niños pueden llegar a sentir cierta premura por tomar medidas que corrijan algo "para siempre", todo a la vez.

Estas técnicas para resolver problemas fueron mencionadas por niños de quinto y sexto grado que apenas están aprendiendo a negociar las complicadas relaciones sociales. A muchos de estos niños les están dando su primer dispositivo de comunicación, lo que aumenta la complejidad a la ecuación.

Tenemos que ayudar a los niños a entender que los rumores, mentiras y estrategias de venganza solo exacerban una mala situación. Los niños se enfocan en la cuestión principal, y muchas veces les cuesta trabajo ver el panorama completo. A veces, cuando cambian los parámetros de confianza en una relación, toma tiempo corregirlos, y tu hijo puede incluso empeorar el asunto si trata de arreglar un abuso de confianza con un solo gesto.

Es especialmente importante que los niños sean conscientes de que puede ser difícil reparar una situación con carga emocional sin comunicarse en persona. Escoger un medio de comunicación con sabiduría, y no por miedo, es parte del conjunto de habilidades para la resolución de conflictos.[11] Tenemos que dejarles saber a los niños que, cuando recibimos un correo electrónico o mensaje que nos altera, debemos respirar hondo antes de hacer algo. Luego, si es posible, hablamos con la persona cara a cara, o al menos por teléfono. Piensa en las veces en que un correo electrónico en el trabajo te dejó con humo saliendo por las orejas, pero pudiste calmar la situación por medio de una conversación en persona, o con solo una mirada amable y la pregunta "¿Quieres hablar?".

También discute con tus hijos lo que deben hacer cuando alguien los involucra en los conflictos de otras personas. ¿Qué hacer si ven un intercambio desagradable como parte de un chat grupal, o un comentario grosero en la foto de otra persona? A veces nosotros mismos evitamos los conflictos, pero nos involucramos emocionalmente en los de otros. Si tu hijo se encuentra frente a un conflicto así, o lo involucran en él, puede decir que se siente incómodo con la conversación

---

[11] Devorah Heitner, "Positive approaches to digital citizenship", *Discovery Education*, 3 de septiembre de 2015, recuperado el 1 de febrero de 2016, http://blog.discoveryeducation.com/blog/2015/09/03/positive-approaches-to-digital-citizenship/

u ofrecer un pretexto para salirse; podría también ponerse en contacto con la persona que es el objeto del comportamiento desagradable y decir que lamenta que eso haya sucedido. Asegúrate de que tu hijo sepa que si el comportamiento es serio o amenazador, debe reportárselo a los padres, maestros o a algún otro adulto responsable.

Todos cometemos errores. Los niños tienen que ver que las relaciones son complejas, incluso para los adultos. Es importante que aprendan a manejar los errores con honestidad, empatía y paciencia. ¿Cómo puedes modelar la idea de reparar las relaciones? ¿Puedes ofrecer una historia personal de una comunicación que salió mal y cómo lo resolviste? Uno de los papás en uno de mis talleres contó la siguiente historia de reparación de relaciones: "Yo pensaba que todos sabían que mi tía Marcy esperaba un bebé, así que lo mencioné en Facebook. Ella tenía todo el derecho a estar enojada conmigo: no era una noticia que me tocara compartir. Debí haberle preguntado primero qué tan pública era su noticia antes de darlo por sentado. La llamé para disculparme: me siento muy mal al respecto, pero tuvimos una buena conversación, y sin duda nunca más volveré a hacer algo así".

La paciencia es lo más difícil que podemos enseñarles a nuestros nativos digitales. La velocidad de la comunicación es una virtud en el mundo de hoy, pero aumenta la sensación de urgencia. Los niños sienten que deben resolver las cosas rápidamente,[12] algo que podemos entender. Nadie quiere sentir el estrés de una relación difícil. Pero las reparaciones no siempre son veloces. Pueden tomar tiempo. Enséñales a tus hijos que está bien tomarse tiempo y ganar perspectiva. Los errores presentan una oportunidad de enseñarles a los niños buenas habilidades para la vida en general. Aceptar tus propios traspiés, disculparte con sinceridad y volver a ser un buen amigo son las mejores maneras de superar cualquier situación.[13]

---

[12] Devorah Heitner, "Texting trouble: When minor issues become major problems", *Raising Digital Natives*, 2014, recuperado el 31 de enero de 2016, http://www.raisingdigitalnatives.com/texting-trouble/

[13] Devorah Heitner, "When texting goes wrong", blog de *The Family Online Safety Institute*, 10 de junio de 2014, recuperado el 31 de enero de 2016, https://www.fosi.org/good-digital-parenting/texting-goes-wrong-helping-kids-repair-resolve/

Otro reto de las relaciones en los espacios digitales es la manera en que los traspiés se vuelven públicos dentro de los grupos de compañeros y amigos. Una preocupación común que veo entre los padres de los chicos de secundaria es que un traspié lleve a que se avergüencen ante un público más amplio, algo que "toda la escuela pueda ver". En realidad, lo más probable es que sea un minitraspié en el grupo de compañeros el que le provoque pesadillas a tu hijo. Para los chicos puede ser humillante cuando tratan de hacerse los chistosos en un chat grupal y todos lo entienden mal, o comentan en la foto de otra persona y no le atinan al tono deseado, o incluso cuando postean algo y no reciben "me gusta" o comentarios. Como indicó una adolescente, Jane, cuando la entrevistaron en *This American Life*, los niños que están muy involucrados en las redes sociales lo ven como una manera de "mapear tu mundo social, de ver quién anda con quién, quién está pasando el rato con quién, quién es amigo de quién".[14] Y esas revelaciones pueden ser dolorosas.

Una cosa que les digo a los padres antes de que sus hijos consigan su primer dispositivo es que las redes sociales le subirán la intensidad a lo que sea que esté sucediendo. No transformarán a un hijo introvertido en alguien más extrovertido. No harán que un niño que siente confianza y seguridad se vuelva un acosador o el blanco de un acosador. Sin embargo, pueden subirles el volumen a las luchas intergrupales de poder, a los sentimientos de exclusión y a otros dilemas sociales. Los medios sociales tienden a amplificar los problemas entre amigos y, a veces, los conflictos menores escalan hasta volverse escaramuzas importantes.

AMPLIFICACIÓN TECNOLÓGICA DE LOS PROBLEMAS

Los conflictos son inevitables en cualquier esfera social. Y cuando ocurren, es improbable que las redes sociales sean de ayuda. Como me gusta decir: ante la duda, mejor desconectados. Sobre todo, es importante enseñarles a los niños cómo limar las asperezas en per-

---

[14] Ira Glass, *This American Life.*

sona. Cuando están tratando de resolver una disputa, se pueden dejar llevar por una sensación de premura, y el conflicto puede escalar rápidamente. Pídele a tu hijo que piense en ejemplos de cuándo es mejor ejercitar el control, ser pacientes y resolver los problemas por medio de una discusión en persona. También puede servir el teléfono, pero es extremadamente difícil resolver una discusión por medio de mensajes de texto. Sugiérele a tu hijo que escale un conflicto con un simple mensaje como: "Puede ser que textear no sea la mejor manera de discutir esto. ¿Podemos hablar en persona?".

Hasta una ausencia de respuesta se puede malinterpretar. Les enseñamos a nuestros hijos a poner buenos límites y a avisarles a sus amigos cuando no pueden responder, pero eso no significa que sus amigos no se angustien. En uno de mis grupos focales, una jovencita de 12 años, que era atlética y popular y tenía un enorme grupo de amigos, me dijo: "La gente piensa que estás enojada con ellos cuando no respondes de inmediato. Te mandan un mensaje preguntando: '¿Estás enojada?'. Puedes decirles que no, que solo no querías estar al teléfono. 'Leí tu mensaje, pero no tuve tiempo de responder'".

Los niños señalaron que en muchas aplicaciones puedes ver si alguien leyó tu mensaje. Si tu amiga no ha leído tu mensaje, es más fácil lidiar con la impaciencia... pero si *ya* lo leyó, es posible que el emisor se pregunte por qué demonios no contesta. Para ayudarles a tus hijos a desarrollar habilidades para manejar estas demoras, modela la paciencia y comprensión. Incluso, al hacerlo, habla en voz alta para que tus hijos te oigan. Por ejemplo, podrías decir: "Le mandé un mensaje a papá y de verdad quiero saber sus planes para que podamos comprar esos boletos de avión. Es difícil esperar, pero apuesto a que en este momento está hablando con su jefe o con algún cliente. Voy a ver qué otra cosa puedo hacer para no caer en la tentación de molestarlo".

Los conflictos pueden ser intensos cuando es tan fácil compartirlos con un público de compañeros que aman el drama. Esta es otra área en la que comunicarse en el ámbito digital es echarle leña al fuego. Los adolescentes y preadolescentes pueden estar más que dispuestos a meterse en los conflictos de otros. Pregúntale a tu hija si alguna vez se ha sentido involucrada en los conflictos de otra gente. ¿Qué pasa si estalla un intercambio desagradable como parte de un chat grupal o alguien postea un comentario grosero en la fotografía de Instagram de otra persona? ¿Te involucras? ¿Eso ayudará o hará que todo empeore? Lo digo a menudo: el conflicto puede ser un espectáculo.

En uno de mis grupos focales, una chica de primero de secundaria describió un conflicto en las redes sociales que comenzó a partir de los comentarios en unas fotos compartidas: "Había demasiados lados e intentaban meterte en peleas tontas por razones estúpidas. Trato de no involucrarme, y entonces la gente se enoja conmigo. Y luego todo se complica...".

Si tienes un hijo en secundaria (o en los últimos años de la primaria), hazle saber que siempre te puede usar como pretexto. Si un mensaje grupal está tomando una fea dirección, hablando mal de otro niño (de un maestro o de quien sea), que tu hijo sienta que puede decir: "Mi papá me revisa el teléfono, me tengo que ir". O "Me voy a meter en muchos problemas si participo en esto". También puede simplemente tomar una postura y decir: "Esto se está poniendo feo, me salgo". Pero a veces el pretexto de los padres es muy útil.

En *Enemigas íntimas*, un estudio sobre la agresión relacional entre niñas, Rachel Simmons ofrece un ejemplo de una conversación en mensajes entre dos niñas, en donde una de modo no tan sutil recluta a otra para aplicarle la ley del hielo a una tercera. La supuesta amistad puede enmascarar la intensa agresión relacional documentada por Simmons y otros. Este tipo de agresión no se limita a las niñas. Como lo describe Simmons, los varones también experimentan y temen la agresión relacional, aunque a veces nos imaginemos que sus interacciones son más directas o que la agresión entre ellos es más física y abierta.[15]

Tanto los chicos como las chicas pueden ser sutilmente agresivos a través de los mensajes o las redes sociales. Uno de los lados negativos de la comunicación en la arena digital es la posibilidad de ver una y otra vez esos mensajes o comentarios. La facilidad de compartir es otra ("Mira nada más este mensaje: no puedo creer que haya dicho esto de

---

[15] Rachel Simmons, *Enemigas íntimas*, Océano, 2006.

ti"). Ya es fácil grabar a otra gente y compartir lo que dijeron fuera de contexto. En su charla TED, "El precio de la vergüenza", Mónica Lewinsky describe la humillante experiencia de oír sus conversaciones con su (supuesta) amiga, a sabiendas de que las habían hecho públicas.[16] Creo que todos nos podemos identificar con esta experiencia. Aunque no te hayas topado con algo así de primera mano, imagínate una conversación en la que compartiste con franqueza algo muy personal, y luego imagínate que alguien grabó y compartió la conversación. Es un enorme abuso de confianza. Por suerte, la mayoría de nuestros hijos no se encontrarán en la situación en la que estuvo Lewinsky, en la que grabaron conversaciones suyas de mucho interés público. Pero tan solo un mensaje que se muestre fuera de contexto reproduce ese efecto, y se puede sentir como una grave traición.

ASUNTOS MÁS SERIOS: LA CRUELDAD EN LÍNEA

Entender el papel de tu hija en su mundo social te ayudará a saber de qué necesitas preocuparte. ¿Tu hija está tan solicitada socialmente que hay chicos que "siguen" todo lo que hace... y que podrían sentirse excluidos por esto? ¿Está "siguiendo" a otra niña, o dos o tres, que apenas sabe que existe? ¿Está en chats grupales porque quiere participar o porque se preocupa de lo que podrían decir otros si no forma parte de la conversación? Ayudar a tu hijo a establecer límites sanos en torno a las redes sociales lo ayudará mucho a sobrevivir la adolescencia con autoestima y un fuerte sentido de su propia identidad.

A lo mejor para el momento en que las redes sociales entren en la vida de tus hijos ya tengas nociones de dónde caben en la mezcla social. ¿Tu hijo es un niño alfa, querido o temido por todos? ¿Tu hija es vulnerable socialmente y más del tipo sumiso? ¿O quizá tu hijo sea un introvertido seguro de sí mismo y con uno o dos buenos amigos? Oriéntate en el espacio, límites, modelos e influencias de tu hijo. Aprende todo lo que puedas observándote a ti mismo y manteniendo

---

[16] Monica Lewinsky, transcripción de charla TED, "The price of shame: Monica Lewinsky", marzo de 2015, consultado el 31 de enero de 2016. El video de la charla está disponible en https://www.youtube.com/watch?v=48peMznJ3i8

a raya tus opiniones. Esta es la manera de obtener una comprensión más profunda del mundo de tu hijo, algo que es fundamental si piensas ofrecer apoyo y una orientación sólida.

Una vez que entiendas la posición social de tu hijo, pídele que comparta contigo su perspectiva sobre la autopresentación en las redes sociales de otros niños. Si quiere usar una aplicación, ¿te puede mostrar cómo la usan otros niños? A menudo es posible ver una buena parte de ciertas aplicaciones, aunque no tengas una cuenta. ¡Las críticas que haga tu hijo de las cuentas de sus compañeros te dirán mucho! Pregúntale si alguna vez lo ha sorprendido cómo era alguien si antes de conocerlo personalmente lo veía en las redes sociales.

Cuando se mencione el tema del acoso, o de algún otro mal comportamiento, la cosa se pone más sensible y con mayor carga emocional. Pídele a tu hijo que distinga entre el acoso y los conflictos o dramas más típicos. ¿Tu hijo conoce los límites? ¿Tiene un sentido de cuándo las cosas llegaron demasiado lejos? ¿Se siente seguro yendo a la escuela? ¿Te contaría si algo estuviera fuera de control? Tener una buena noción de estas cosas te pondrá en mucha mejor posición en caso de que sucediera algo realmente serio.

Hay ciertos indicadores que te ayudarán a decidir cuándo deberías estar preocupado por el comportamiento de tus hijos en su mundo digital. Por ejemplo, ¿ves que tu hijo disfruta del drama y está en medio del caos del conflicto? Esta es una clara señal de un problema e indica que es hora de intervenir como mentor. Pero si el drama está aislando o alterando a tu hijo, necesitas ser incluso más proactivo en ayudarlo a crear límites. Un niño que está demasiado absorto en las vidas de los demás por medio de las redes sociales necesita que lo guíen activamente hacia otros intereses. Si no, la postura voyerista puede llevarlo a tener sentimientos y comportamientos negativos. Las redes sociales son por definición un poco voyeristas, así que el hábito de estar viendo solo es preocupante si parece obsesivo, está alterando a tu hijo, lo está volviendo introvertido o si lo está deprimiendo.

A continuación, hay algunos ejemplos del drama digital que podría (o no) llevar al acoso y otras formas de crueldad en línea. Si son eventos aislados o recíprocos, podrían no caer dentro de la categoría del acoso; pero, llevados al extremo, sin duda podrían hacerlo:

- Tomar los teléfonos de otros niños y mandar mensajes de texto maliciosos, estúpidos o ridículos desde ese teléfono (cuidado: ¡puede ocurrir rápidamente!).
- Compartir fotos vergonzosas de otro niño. Aquí el rango es enorme: busca la gravedad de la imagen o un comportamiento recurrente para encontrar los indicadores de acoso-hostigamiento.
- Comenzar rumores anónimos (igual que arriba).
- Tratar de instigar problemas entre otros amigos.
- Señalar con "inocencia" que alguien dejó de seguir a alguien más.
- Provocar conflicto por medio de comentarios en alguna red social, conocido también como *trolear*.
- Hacer referencias indirectas en un mensaje grupal a alguien que "realmente no debería de estar en este chat grupal".

Pregúntale a tu hija si ha visto que otros niños hayan sido malvados en estos espacios. Con absoluta certeza, tendrás que buscar ayuda si tu hija siente demasiado miedo o vergüenza de ir a la escuela, no puede dormir o se siente extremadamente angustiada por los escenarios mencionados. Por otro lado, haz todo lo posible por ser receptivo en cuanto al papel que podría haber desempeñado tu hija en la situación. Es natural que quieras saltar en su defensa, pero combatir el fuego con fuego casi nunca funciona en un espacio en línea, ya que el campo es muy amplio. Enfatízale a tu hija que si se siente atacada, no puede tomar represalias en línea sin que eso se le regrese. También destaca que debe documentar las amenazas o la crueldad y que luego deberá de dejar la aplicación: no hay la menor necesidad de pasar el rato ahí y seguir victimizada. Dile que, de inmediato, acuda a la seguridad de la compañía de ustedes, sus padres, o de otros adultos o amigos de confianza. Entonces, podrá solucionar los problemas con los adultos y encontrar cómo manejar la situación.

CÓMO EVALUAR LAS HABILIDADES SOCIALES DE TUS HIJOS

Espero que este capítulo te haya ofrecido un buen resumen del mundo social entre los compañeros de tu hijo. Aunque en espíritu no sea significativamente distinto del mundo que recordamos de nuestros propios días de escuela, sin duda tiene muchos más niveles.

Aquí hay una breve serie de criterios que te ayudarán a evaluar las habilidades sociales de tu hijo:

- ¿Tu hijo puede articular la diferencia entre un seguidor y un amigo?
- ¿Entiende que no debe aceptar la amistad de alguien si no quiere?
- ¿Sabe cómo autorregular su actividad de texteo?
- ¿Puede lidiar con la atención no deseada de modo claro y directo?
- ¿Acude a ti cuando un conflicto entre sus compañeros se pasa de la raya?
- ¿Sabe cómo disculparse amablemente de un chat grupal o interacción?
- ¿Te puede contar sobre alguna vez en que se resistió a postear algo por cómo haría sentir a alguien?
- ¿Te puede indicar ejemplos de exclusión deliberada en su esfera social?
- ¿Sabe cómo llevar el conflicto fuera de línea desde inicio, o deja que los demás lo hagan?

Recuerda: estás ahí para ayudar a tus hijos a abrirse paso en el mundo. Siempre digo que, aunque ellos tengan las habilidades digitales, tú tienes la sabiduría, y esta brinda una brújula increíblemente valiosa para ayudar a guiar a tus hijos mientras navegan por las peligrosas aguas sociales.

OCHO

LA VIDA ESCOLAR EN LA ERA DIGITAL

La experiencia escolar de los niños de hoy es parecida pero también distinta a lo que experimentamos los padres cuando íbamos a la escuela. Por un lado, la escuela sigue siendo una comunidad de aprendizaje con compañeros de clases, maestros y directores. Sigue habiendo presentaciones, recreos, tareas en la noche, pruebas sorpresa y exámenes estandarizados. Sigue habiendo un aroma a escuela y a lonchera que te remite a tus propios días escolares.

Pero la escuela también ha cambiado, y puede ser difícil separar el impacto de la tecnología de los cambios como el aumento de tareas, el mayor énfasis en los exámenes, las modificaciones al currículo, etc. Como mencioné en el capítulo sobre la amistad, los grupos de compañeros de la escuela de tu hijo pueden ser más accesibles (virtualmente) en las tardes y los fines de semana.

Muchos colegios han implementado programas 1:1 (a veces se refieren a ellos como *uno a uno*), por medio de los cuales cada niño recibe una tableta o laptop. El acceso que tienen los estudiantes a las computadoras ejerce un impacto sobre sus expectativas en torno a las tareas y a la naturaleza de las comunicaciones entre maestros y padres de familia. Algunas escuelas tienen espacios de creación (también conocidos como espacios para hacedores o *makerspaces*), innovaciones que van más allá de lo que nosotros experimentamos en las escuelas de antaño. Y, por supuesto, los programas de tecnología varían mucho de escuela en escuela.

Con todos estos cambios, uno de los retos principales de la era digital es la distracción. Escucho este tema una y otra vez entre padres y maestros. Los papás se enteran de que los niños están jugando o navegando en clase y también son testigos de primera línea de las distracciones de sus hijos en casa mientras intentan hacer las tareas en tabletas y laptops, a veces también con el teléfono en mano.

Nuestro acceso a la información también ha transformado el modo en el que nos relacionamos con la escuela. La comunicación y los datos fluyen de un lado al otro con más libertad y frecuencia, y eso tiene sus ventajas y retos. En algunas escuelas, las circulares que solían enviarnos a casa en la mochila han sido reemplazadas con una serie de correos o incluso tuits. La posibilidad de un mayor acceso —comunicación entre padres y maestros, entre padres e hijos durante el día escolar y entre alumnos— es un reto con el que están lidiando tanto las escuelas como los padres, a menudo sin lograr reconocerlo completamente.

Muchas de las escuelas con las que trabajo me invitan a ayudar a los administradores y al personal a entender los tipos de comunicaciones que quieren los padres, ahora que las expectativas de los papás se están formando por la tecnología. A medida que van cambiando estas normas y expectativas, las escuelas y los distritos escolares están contratando a directores de redes sociales y expertos en comunicaciones. De todos modos, mucho de lo que sabes de la experiencia cotidiana de tu hijo viene de su maestro. Estos son los verdaderos retos a los que nos abocaremos de lleno en este capítulo.

CÓMO EVALUAR TU RELACIÓN CON LA ESCUELA DE TUS HIJOS

Si tú (o un grupo de papás) estás pensando en cómo profundizar tu comprensión de las vidas en línea de tus hijos en la escuela, hazte las siguientes preguntas:

- ¿Estás informada sobre las prácticas de la escuela respecto a la tecnología? (Algo/Nada/Totalmente).

- ¿Cómo manejas la distracción digital cuando se trata de la tarea? (Muy bien/Es una pesadilla/Depende de la noche).
- ¿Puedes explicarle a tu hijo qué significa un trabajo original?
- ¿Eres optimista o cauto cuando se trata de la tecnología?
- ¿Tu hijo prefiere los libros de papel o los electrónicos para hacer la tarea?
- ¿Conoces las expectativas declaradas para la comunicación entre padres y maestros?
- Ya que el tiempo de pantalla es una medida burda, pues los niños pueden estar estudiando o haciendo la tarea con los dispositivos, ¿cuál es la mejor medida del uso de la tecnología?
- ¿Le has ofrecido ayuda específica a la escuela (o maestro) de tu hija en la transición al 1:1?

LA TECNOLOGÍA COMO DISTRACCIÓN

En mis charlas escolares y otros eventos públicos, con frecuencia los padres se acercan a mí con sus preocupaciones. En cada comunidad se menciona que la tecnología es fuente de distracción. Se trata de un tema frecuente —y apremiante— que preocupa a los padres.

Datos recientes de iKeepSafe sugieren que los padres tienen razón en estar preocupados, ya que 28% de los adolescentes reportan que están tan involucrados con la tecnología que esto interfiere con su trabajo escolar.[1]

Incluso fuera del salón, 44% de los preadolescentes admiten que sus intereses digitales los alejan de otras tareas, y 17% de los preadolescentes dicen que sus compromisos digitales provocan problemas en sus relaciones con amigos y familia.[2]

Los adultos distan de estar exentos de este tipo de distracciones (¡incluida yo!), pues 14% de los adultos reconoce que debería pasar menos tiempo con la tecnología. Si este tema es un reto para los adultos, imagínate lo difícil que es para los niños. Los adolescentes y prea-

---

[1] "Cyberbalance in a Digital Culture", *iKeepSafe*, 2011-2016.
[2] *Idem.*

dolescentes necesitan mentoría para ayudarles a enfrentar estos retos. Seamos realistas: la mayoría no estamos listos para desconectarnos por completo, ya que nuestro compromiso digital acarrea ventajas significativas. No deberíamos esperar que nuestros hijos estén dispuestos a desconectarse tampoco.

Los niños que encuentran que la lectura en pantalla no es muy efectiva para escribir un ensayo más largo, o una tarea seria, deberían imprimir sus borradores y revisarlos en papel. Suena estupendo dejar de usar papel, y podrá ser ecológicamente deseable, pero es posible que muchos tengamos que seguir revisando nuestros trabajos más importantes en papel.

LAS TAREAS Y LA DISTRACCIÓN

¿Te suena familiar esta escena? Tu hija entra a su cuarto para completar la tarea, quizá con un iPad que le entregó la escuela. Tres horas después, sigue sin terminar. ¿Será que estaba participando en un iChat o en un FaceTime con los amigos? Es posible que comenzaran por hablar de la tarea, pero luego los niños acabaron siendo atraídos por otros temas. ¿Tu hija estaba escuchando música y "tenía que" hacer una nueva lista de canciones? ¿Se distrajo con un post en Instagram y en ese instante sintió que se perdía de algún momento social? ¿O simplemente estaba soñando despierta, como le hacíamos en los viejos tiempos, y no se estaba concentrando?

La mayoría de los niños de la escuela primaria y secundaria no deberían tener tres o cuatro horas de tarea. La epidemia de tareas es todo un tema para otro libro, pero ponte en contacto con los maestros de tu hijo para tener las pautas de cuánto tiempo esperan que les tome hacer la tarea. Si se está tomando demasiado (o no lo suficiente), es posible que haya un problema de fondo.

Muchos niños necesitan desconectarse para hacer la tarea. De nuevo, revisa con los maestros de tu hijo. No toda la tarea requiere tiempo en línea, así que una táctica efectiva puede ser tener un tiempo fuera de línea durante las horas de estudio en casa. ¡Imagínate las conversaciones que podrías tener con tu pareja y la cantidad de quehaceres domésticos que podrías hacer si no se te ocurriera revisar tu correo electrónico justo después de la cena!

CÓMO COLABORAR CONTRA LA DISTRACCIÓN

Si observas que a tus hijos les está costando trabajo evitar las distracciones mientras hacen la tarea en una tableta o laptop, colabora con ellos para descubrir maneras de controlarlas. Aquí hay algunas estrategias; descubre cuáles son las mejores para tu familia:

- **Nada de dobles pantallas.** Muchos de los estudiantes con los que he hablado dicen que sus papás establecieron reglas contra las dobles pantallas. Aunque esta regla requiere que los niños tengan cierta fuerza de voluntad, haz que guarden todo menos un dispositivo. Si es necesario usar la tableta para hacer la tarea, por ejemplo, insiste en que se apeguen a ese dispositivo para poder concentrarse.
- **Usa la tecnología para pelear contra la tecnología.** Algunos niños apreciarán y disfrutarán de los bloqueadores de distracción como LeechBlock o Freedom. Aunque bloquear no resolverá el problema por sí solo, ¡puede ayudar! Yo misma estoy bloqueando las redes sociales mientras escribo este capítulo. Serán adorables los bebés de mis amigos y me emociona conocer las últimas noticias, pero me tengo que concentrar.
- **Hacer la tarea en un área común de la casa.** Esto funciona bien para algunas familias y es impráctico para otras.
- **Apaga la tecnología.** Muchos padres descubren que simplemente apagar el wifi ayuda mucho a los niños a terminar su trabajo. De nuevo, el internet y la conectividad son solo partes pequeñas de la tarea de la mayoría de los niños. A lo mejor se espera que visiten un espacio interactivo para postear un comentario, pero esa es seguramente solo una porción diminuta de su tarea. Incluso una tarea como escribir un post en un blog se puede completar fuera de línea y postearse después.
- **Empieza desconectada y luego conéctate.** Si tus hijos dicen "Pero tengo que (colaborar con mis amigos, estar en línea, usar

internet, etc.) para hacer la tarea", entonces haz que primero completen todas las labores que no tengan que ver con internet y que dejen la tarea en línea para el final. Impón un límite de tiempo, o está presente tú para que sepan que necesitan terminar.

- **También muéstrales tus dificultades**. Finalmente, sé franca con tus hijos en cuanto a tus propias distracciones. Cuéntales de tus dificultades: de cómo las distracciones pueden mermar tu productividad en el trabajo o que a veces resulta difícil mantenerse al día con todo. Saber esto puede ser muy útil para ellos y hacerlos sentir que sus propias dificultades no son anormales.

La distracción no solo tiene que ver con los dispositivos, sino con cómo los usamos. Nuestros dispositivos les agregan mucho a nuestras vidas, tanto positivo como negativo. La ciudadanía digital tiene que ver con aprender a aprovechar lo positivo y minimizar lo negativo. Llegar a la raíz de la distracción te pondrá en mucha mejor posición para mentorizar a tus hijos, para que logren combatirla y completar sus tareas.

LAS MULTITAREAS Y LA DISTRACCIÓN

Separo mis investigaciones sobre los niños y las distracciones en dos categorías: *optimistas* y *cautos*.

- **Los optimistas.** Los tecnoptimistas creen que se están fortaleciendo nuestras mentes gracias a la tecnología digital. Al no tener que recordar un montón de hechos, podemos crear y unir ideas de modos nuevos e interesantes. La profesora Cathy Davidson asevera que las "monotareas" no son compatibles con la manera en que funciona nuestro cerebro.[3]

---

[3] Cathy Davidson, "The myth of monotasking", *Harvard Business Review,* 23 de noviembre de 2011, recuperado el 1 de febrero de 2016, https://hbr.org/2011/11/the-myth-of-monotasking

- **Los cautos.** Los tecnocautos creen que nos estamos quedando en "lo superficial",[4] sin realmente leer y únicamente haciendo lecturas veloces y por encima. Sin duda, antes de que todos nos metamos de lleno en los libros de texto electrónicos, deberíamos revisar algunas de las evidencias según las cuales el formato importa. A los tecnocautos les inquieta lo que se pierde cuando nos alejamos de los libros impresos o de los apuntes escritos a mano. Algunas investigaciones y anécdotas sugieren que, al leer o tomar apuntes, algunos estudiantes pueden aprender mejor con papel que con dispositivos electrónicos.[5]

Aunque es necesario investigar más, algunos estudios sugieren que retenemos mejor la información cuando viene en formato de papel que en formato digital.[6] No debemos olvidar esta pregunta: ¿esto es cierto solo para los que ya tienen una historia de aprendizaje a partir de los textos en papel? ¿O el texto impreso tiene propiedades que afectan la memoria, por ejemplo, la calidad física de dar la vuelta a la hoja y saber en qué parte del libro estás? ¿Y esto cómo cambia para los nativos digitales, nuestros hijos?

Larry Rosen —profesor de psicología en la California State University en Domínguez Hills, en una investigación resumida por Annie Murphy Paul— descubrió que grupos de estudiantes universitarios que estaban haciendo tareas importantes revisaban sus teléfonos con bastante frecuencia.[7] Vemos interrumpido nuestro trabajo, y la la-

---

[4] Nicholas G. Carr, *The Shallows: What the Internet Is Doing to Our Brains*, Nueva York, W.W. Norton, 2010.

[5] Robinson Meyer, "To remember a lecture better, take notes by hand", *Atlantic*, 1 de mayo de 2014, http://www.theatlantic.com/technology/archive/2014/05/to-remember-a-lecture-better-take-notes-by-hand/361478/

[6] Lecia Bushak, "Why we should all start reading paper books again", *Medical Daily*, 11 de enero de 2015, recuperado el 1 de febrero de 2016, http://www.medicaldaily.com/e-books-are-damaging-your-health-why-we-should-all-start-reading-paper-books-again-317212

[7] Annie Murphy Paul, "You'll never learn," *Slate*, 3 de mayo de 2013, recuperado el 31 de enero de 2016, http://www.slate.com/articles/health_and_science/science/2013/05/multitasking_while_studying_divided_attention_and_technological_gadgets.html

bor mental de alternar entre una cosa y otra pone en riesgo nuestras mejores habilidades. Aunque la interrupción en sí podría durar solo unos cuantos segundos, nos toma un rato volver a involucrarnos y meternos de nuevo en el flujo de nuestro trabajo. Esta dislocación es un problema, ya que podríamos cansarnos solo por el esfuerzo de llevar una y otra vez a nuestras mentes de vuelta a la tarea. Así, una hora de tarea puede tomar de dos a tres horas y sentirse agotadora, pero el esfuerzo no es por el trabajo en sí, sino por el trabajo de reenfocarse constantemente.

Los padres tenemos que ayudar a nuestros niños a evitar las dobles pantallas y a que sepan que alternar entre textos puede cobrarles un precio a nuestras habilidades de trabajar y pensar. Como señala Alex Pang en *The Distraction Addiction* [*Enamorados de la distracción*], "alternar entre tareas, algo que se vuelve posible digitalmente, tiende a meter varias tareas dentro de una banda de atención estrecha, de manera que parece hacerles cortocircuito a tus habilidades de realmente concentrarte en lo que tienes que hacer".[8] Pang señala que muchos sobreestimamos la creatividad e inspiración que obtenemos al alternar entre tareas, y sugiere que la investigación muestra más bien que "la gente que alterna mucho entre tareas tiene más dificultades para concentrarse por largos períodos".[9]

CÓMO HA CAMBIADO LA COMUNICACIÓN ENTRE PADRES Y MAESTROS

La tecnología ha cambiado prácticamente todo lo que hacemos, y la comunicación entre padres y maestros no es la excepción. Es probable que tengas más acceso a la maestra de tu hijo del que hayas tenido jamás y, sin duda, más de la que tuvieron nuestros padres con nuestros maestros. Un mayor acceso y comunicación pueden ser estupendos,

---

[8] Alex Soojung-Kim Pang, *The Distraction Addiction: Getting the Information You Need and the Communication You Want, Without Enraging Your Family, Annoying Your Colleagues, and Destroying Your Soul*, Nueva York, Little, Brown and Company, 2013. [*Enamorados de la distracción*, Barcelona, Edhasa, 2014].

[9] *Idem.*

pero también acarrean peligros. Los nuevos modos de comunicación significan nuevos protocolos y nuevas expectativas.

Por ejemplo, un tema común es el tiempo esperado de respuesta. Te comunicas con un maestro y no te responde de inmediato. Pero ¿exactamente qué significa *de inmediato*? Los hábitos de comunicación de las personas varían. Mandas otro mensaje: ahora la situación escaló, cuando en realidad no debía hacerlo.

A veces los padres sienten como si los maestros no fueran parejos en su comprensión y uso de las nuevas tecnologías. En mi experiencia, estas diferencias no tienen tanto que ver con la edad (he visto a muchos maestros mayores emocionados por las oportunidades de expandir sus redes de aprendizaje personal por medio de Twitter, conectarse con sus estudiantes globalmente e intentar nuevos modos de colaboración) como con la cantidad de apoyo que tienen los maestros para integrar la tecnología de una manera que tenga sentido. Puede ser que algunos maestros modifiquen las lecciones por medio de las herramientas tecnológicas según los temas o estudiantes, ¡o tal vez quieran evitar el uso de la tecnología si hay otro método que pueda ser equivalente o mejor!

Los padres (yo incluida) podemos tener dificultades organizándonos, pues el volumen de comunicaciones de la escuela hace que sea difícil desentrañar qué es lo esencial. Es posible que sigas recibiendo mensajes en papel por parte de algunos maestros, mientras que otros usan el correo electrónico, y otros, mensajes o tuits como recordatorios. ¡Sin duda estos modos tan variados de comunicación crean nuevos retos para los padres!

A continuación, algunas cosas que los papás pueden hacer en un tono positivo y fomentar las buenas relaciones entre padres y maestros:

1. **Enséñale límites a tu hija.** Si tu hija tiene edad suficiente para enviarle un correo electrónico a su maestra, entonces también debería ser consciente de los límites y las expectativas, y respetarlos. Solo porque tú y tu hija *pueden* enviarle un correo electrónico a la maestra no significa que sea una buena idea en todos los casos. Antes de que tú (o tu hija) le envíen un correo

electrónico a algún maestro, revisa si el asunto se puede resolver de otro modo. Si tu hija no apuntó la tarea, ¿está disponible con algún compañero de clases o por medio del sistema de gestión de aprendizaje (SGA)? Tu hija no debería acostumbrarse a enviarle un correo electrónico a la maestra en vez de apuntar las tareas o revisarlas. Recuérdate a ti y a tu hija que un maestro que no responde un correo electrónico de inmediato podría estar revisando el ensayo de tu hija, asistiendo a un taller de desarrollo profesional o cenando.

2. **Conoce las herramientas del maestro.** ¿Existe una versión digital del libro de texto? ¿El libro de texto, o la tarea, requiere acceso a internet? Si sí, ¿cuánto tiempo habrá que pasar en internet? Estas son excelentes preguntas para formulárselas al maestro, para mitigar las distracciones a la hora de hacer la tarea. Si conoces los parámetros básicos de las tareas, puedes establecer horarios fuera de línea o conexiones parciales (cuando la computadora o tableta no están conectados al wifi) para hacer la tarea.

3. **Respeta las reglas de la escuela.** No le hagas la vida de cuadritos a nadie enviando a tu hijo a la escuela con dispositivos cuando la escuela los ha prohibido. A pesar de tus buenas intenciones, los dispositivos prohibidos seguramente crearán un problema en el salón de clases. Si tienes una buena razón —por ejemplo, un asunto familiar urgente o un tema de salud en particular—, pídele a la escuela que haga una excepción.

4. **El acceso sin restricciones a la información no siempre es algo bueno.** Muchas escuelas ya te dejan revisar las calificaciones de tu hijo en las pruebas y los exámenes tan pronto como se postean. A menos que estés lidiando con un reto en particular, ¡este nivel de acceso a la información podría producir más estrés de lo necesario! Lo mismo sucede con enviarle mensajes a tu hijo durante el día para "estar en contacto". Si se supone que los niños no deben usar sus teléfonos durante las horas de escuela, no les compliques seguir las reglas.

COMPLICACIONES CON LOS PROGRAMAS 1:1

La transición hacia un ambiente 1:1 es profunda, y sin duda por lo mismo recibo tantas solicitudes de consulta cada año para lidiar con el tema. No solo es difícil la transición para los maestros y administradores de la escuela, también es un gran cambio para los padres. Digamos que el 1:1 está por llegar a la escuela de tu hijo y tienes algunas preguntas. A menudo la escuela organiza eventos y recursos en línea para lidiar con las preocupaciones de los padres.

A pesar de sus buenas intenciones, las escuelas y distritos que hacen este cambio pueden estar tan ocupadas con la transición en sí que no siempre se concentran en la comunicación y educación de los padres. Los padres se quieren sentir informados e involucrados, y cuando las escuelas no piden la retroalimentación de los padres o no responden a sus preguntas de modo completo y oportuno, los papás pueden seguir teniendo preocupaciones. Veamos algunos de los temas que aparecen con regularidad.

1:1 en la escuela

Con la transición al 1:1 en las escuelas, los padres a menudo se preocupan por el aumento en el tiempo de pantalla en las vidas de sus hijos. Una pregunta que los padres hacen a menudo es "¿Cómo afecta el 1:1 la recomendación que siempre oímos sobre limitar el tiempo de pantalla?". En primer lugar, 1:1 no significa que tu hijo estará trabajando con una tableta o laptop durante toda la jornada escolar. Pero lo más seguro es que tu hijo utilice el dispositivo al menos una o dos horas (en total) la mayoría de los días, si no es que un poco más en ciertos días.

Además, puede ser que el tiempo de pantalla no sea el modo más útil de entender las distintas maneras en que usamos la tecnología. Podría ser mejor pensar en el equilibrio: en otras palabras, ¿qué tipos de colaboración cara a cara e involucramiento activo con el mundo físico está teniendo mi hijo? ¿Es suficiente para equilibrar un mayor sedentarismo en el aprendizaje, en las conexiones e incluso en el tiempo de ocio? Las actividades como andar en bici y modelar con arcilla podrían ayudar a equilibrar la tarea de matemáticas (ya sea en línea o desconectados) o mirar un video (ya sea para la escuela o por diversión).

Organizar y manejar las tareas

En varios sistemas educativos existe la expectativa de que, en algún momento entre tercero o cuarto de primaria y la secundaria, los niños pasarán de hacer las tareas sencillas de cada noche a proyectos de mayor envergadura que requieren planeación. Este proceso (gestionar esa planeación, seguirles la pista a los materiales y apuntes de la escuela y, en general, vivir una vida escolar organizada que no involucre un trozo de papel hecho bola en el fondo del casillero o el escritorio, tareas perdidas y una tonelada de estrés) se conoce como *función ejecutiva*. Esto les cuesta trabajo a muchos estudiantes; en mi experiencia, las expectativas no siempre son realistas y llevan a los niños a tercerizar esta función ejecutiva con sus padres. Mejor enséñales a los niños a tercerizar con la tecnología, lo que será una excelente manera de volverse "habilitados para las aplicaciones", como lo denomina Howard Gardner.[10] Un estupendo libro para obtener más ayuda con esto es *That Crumpled Paper Was Due Last Week* [La fecha de entrega de ese ensayo arrugado fue la semana pasada], de Ana Homayoun.

Trabaja con los niños para revisar las tareas que faltan y compararlas con otros planes antes de la fecha límite. En otras palabras, "Viajaremos la semana previa a la fecha de entrega de tu proyecto, así que lo tienes que tener casi terminado para esa fecha". Es una habilidad avanzada poder ver el calendario y trabajar desde las fechas límites para atrás, y hay pocos niños de secundaria que lo puedan hacer solos. Incluso aprender a estimar cuánto tiempo les tomará hacer una tarea es bastante desafiante. Otro reto es aprender a ver el calendario antes de hacer planes, en vez de tratar de gestionarlo todo en la cabeza. Me parece que las distintas niñeras de preparatoria que contratamos en

---

[10] Howard Gardner y Katie Davis, *The App Generation: How Today's Youth Navigate Identity, Intimacy, and Imagination in a Digital World*, New Haven, Yale University Press, 2013.

mi familia lo manejan bien; pocas se comprometen sin haber revisado sus calendarios primero para ver si están disponibles. Muchas familias encuentran que un calendario físico (un pizarrón blanco o de papel) puede ser esencial. Mi propia familia depende de un calendario digital, pero puedo ver que, a medida que mi hijo vaya creciendo, será de utilidad una representación física en un espacio central en la casa.

El modelo computacional 1:1 en casa

Muchos padres sienten que tienen que hacer ajustes en casa una vez que el programa escolar 1:1 entra en la vida de sus hijos. Dependiendo de cómo utilices tus propios dispositivos, es fácil que tu hija asocie un iPad con las actividades de ocio, aunque en realidad necesite el dispositivo para hacer la tarea. Tal vez tengas que involucrarte un poco más con las tareas de tus hijos para ayudar a mitigar dificultades potenciales. Primero que nada, investiga con la maestra de tus hijos no solo cuánto tiempo debería de tomarles hacer la tarea, sino también cuándo necesitarán conectividad (si es que la van a necesitar). En especial cuando se trata de un trabajo en equipo, puede ser útil conocer la cantidad de tiempo que necesitará tu hija para conectarse con sus compañeros de clase.

Muchos papás quieren supervisar todo el rato cuando están haciendo la tarea en un dispositivo, en especial si este está conectado a internet. Hacer que una niña trabaje frente a la mesa de la cocina es una buena estrategia, pero asegúrate de proporcionarle un ambiente de trabajo silencioso. Apaga la televisión durante ese tiempo y retira cualquier otra posible distracción. Al hacer esto, tu hija desarrollará buenos hábitos para hacer la tarea.

¿Y qué pasa si "castigas" a tu hija sin tecnología? ¿Aun así puede usar el dispositivo de la escuela bajo supervisión? ¿Tiene que estar desconectada de internet? Puedes castigarla sin el uso de ciertas aplicaciones, si es que tú eres quien gestiona el acceso por medio de contraseñas. Para muchos niños, tiene más sentido que te quiten el Minecraft o el Instagram que no poder usar el dispositivo. Recomendaría no humillar públicamente a tu hija obligándola a avisarle a su maestra que se metió en problemas en casa.

No cabe duda de que si le quitas el dispositivo a tu hijo y le dejas usar el iPad o la laptop con acceso a internet, encontrará maneras de chatear con los amigos y sentirá que se está saliendo con la suya. Tienes que decidir hasta dónde estás dispuesto a llegar para evitarlo. Si apagas el wifi en casa durante el fin de semana, ¿estás dispuesto a ir al Starbucks para revisar tu propio correo electrónico? ¡Nadie dijo que sería práctico tener hijos! Claro, una vez que tus hijos tengan acceso a una red 4G en un teléfono inteligente, ¡cambia todo el panorama!

Necesidades especiales y 1:1

He platicado con muchos padres cuyos hijos estudian en la escuela con planes dirigidos a personas con discapacidades, conocidos en los Estados Unidos como planes 504 o Programas de Educación Individualizada (IEP), así como con maestros de educación especial, sobre los retos que pueden enfrentar los alumnos con diferencias de aprendizaje dentro de un salón conectado. Una madre me contó que para su hijo con autismo severo, la atracción de escoger aplicaciones y deslizarlas por la pantalla era incontrolable . Otro padre compartió conmigo que para su hijo con TDAH, jugar un poco era un buen modo de manejar el estrés que le producía la escuela, pero que no se podía controlar. En situaciones como estas, parte de un plan 504 o IEP podría ser trabajar con la escuela y con tu hijo para encontrar el modo de ofrecer cierto acceso, aunque poniéndole candado a los controles de su laptop o tableta. Para algunos alumnos, incluso un acceso ligeramente restringido (por ejemplo, entregar y pedir el dispositivo a ciertos maestros) funciona mejor que el acceso durante todo el día.

Trabaja con la escuela para encontrar maneras de impedir que esto estigmatice a tu hija. Incluso ella podría hacer sus propias sugerencias. Muchas personas con TDAH o autismo severo responden muy bien a las conversaciones colaborativas sobre qué les ayudaría a mantenerse en la tarea. También existen muchas aplicaciones excelentes que pueden brindar apoyo a los niños con discapacidades de aprendizaje y desórdenes del espectro autista o de atención, así que bien vale la pena explorar el uso de aplicaciones y tecnologías asistivas como parte del programa terapéutico.

Por otro lado, aunque la distracción presenta retos importantes para niños con ciertos perfiles neurológicos, hay chicos en la escuela cuya comunicación se vuelve posible gracias a la combinación de tecnología con educadores hábiles, una mezcla que implica un poderoso cambio en la vida de esos estudiantes (¡y de sus familias!). Así que son cruciales las herramientas tecnológicas específicas, la manera que tiene el equipo educativo para abordar la tecnología y el nivel de habilidad del equipo con el perfil particular de tu hijo.

DESHONESTIDAD ACADÉMICA

Desde que existe la escuela se hace trampa, pero no cabe duda de que la tecnología ha amplificado el problema. Los niños con habilidades tecnológicas pueden descubrir más trucos, y la conectividad fácil ofrece incontables tentaciones para encontrar atajos que le dan la vuelta al aprendizaje verdadero. Pero los niños quieren hacer lo correcto, y nos toca a los papás ayudar a mentorizarlos para que tomen las decisiones correctas.

La cantidad de respuestas que se encuentran con solo una sencilla búsqueda en Google implica que necesitamos ofrecerles a los niños un poco de orientación sobre qué constituye un trabajo original. Algunos maestros están vigilando este tipo de atajos y otros no, así que los padres tenemos que ayudar a que nuestros hijos se manejen honesta y responsablemente en este ámbito tan desafiante. Los niños también reconocen el atractivo de las respuestas fáciles. Cuando entrevisté a un grupo de chicos de primero de secundaria en una escuela 1:1, expresaron preocupación de sentirse tentados a hacer trampa con el iPad para hacer la tarea.

Algunos niños definitivamente saben que están haciendo trampa. En la misma entrevista, un niño de primero de secundaria describió una aplicación llamada Photomath que le permitía colocar su tableta sobre la hoja de trabajo de matemáticas y lograr que la aplicación escaneara los problemas y le proporcionara las respuestas de inmediato. Él entendía que no estaba bien hacer así su trabajo, pero se le ocurrió que podría estar bien revisar sus respuestas con la aplicación. Otra niña respondió: "Sé que no aprenderé matemáticas si uso la aplicación de ese modo; pero, a veces, si ya capté el concepto, no siento que sea tan malo".

Si no estás seguro de alguna aplicación que está usando tu hijo para ayudarse con la tarea, pregúntale a la maestra o haz que tu hijo te enseñe cómo funciona. Muchas aplicaciones de esta naturaleza están clasificadas como *educativas*, así que la clasificación en sí no es de mucha utilidad. Por otro lado, sin duda otras aplicaciones como EasyBib, que formatea las entradas bibliográficas para dejarlas con el estilo que necesites me habrían facilitado mucho la universidad y el posgrado.

ATRIBUIRSE LAS OBRAS DE OTROS

A muchos niños los educan sobre el uso apropiado de las fuentes, además de cómo citarlas; pero con tanta información en la punta de los dedos, los niños podrían preguntarse: "¿Para qué escribirlo yo?". Me han tocado estudiantes universitarios que pensaban que no tenía nada de malo tomar las reseñas que otras personas posteaban sobre películas que vieron en mis cursos y usarlas (¡sin darles el crédito correspondiente!) en sus ensayos. Sentían que, ya que sus argumentos eran originales y los críticos como Siskel y Ebert resumían bien la película, para qué molestarse en escribir palabras originales para reseñarla.

Para los niños es difícil entender que el simple hecho de que algo esté disponible en la red no quiere decir que sea de uso libre. Los niños de hoy están creciendo en una cultura del *remix* y esperan poder usar cualquier contenido digital para sus propios propósitos. Aunque algunos usos educativos de materiales con derechos intelectuales están permitidos, las reglas de uso no están claramente definidas. La violación de los derechos de autor puede tener consecuencias serias, así que es una buena idea inculcar en tus hijos el respeto por la propiedad intelectual de los demás.

Una adorable mezcla de estilos musicales (conocida como *mashup*) en YouTube creada por tu hijo podrá parecer muy inocente, pero no te dará nada de gusto recibir una notificación (o, peor aún, un citatorio) por parte de un abogado corporativo para que la quites. No queremos aplastar el espíritu creativo de nuestros hijos, pero vale la pena enseñarles las reglas del juego para que sus ideas no solo sean divertidas sino también seguras.

En muchas escuelas, en especial los bibliotecarios escolares, se está realizando un estupendo trabajo enseñándoles a los niños sobre la propiedad intelectual y los créditos, pero no siempre es el caso. O tu hijo podría compartimentar la información de modo tal que no considera que lo que aprendió en la biblioteca sobre escribir un ensayo se aplique a ese divertido *mashup* que está haciendo. Puedes ayudar a tus hijos en cualquier ocasión en la que les des ejemplos de tu propio trabajo. A medida que van creciendo los niños, vale la pena involucrarse con el concepto de *uso justo*, e incluso con las ideas que se promueven en QuestionCopyright.org. Sin embargo, necesitas conocer las reglas antes de cuestionarlas.

TAREAS COLABORATIVAS

Trabajar juntos y colaborar con las tareas se vuelve más fácil con la tecnología. La conexión constante entre los compañeros de clase mejora la experiencia de aprendizaje, ya que las ideas pueden ir y venir en tiempo real. Lo malo es que también es fácil que los niños (en especial los de secundaria y preparatoria) tomen fotos de los exámenes y las compartan.

Hoy hay muchas tareas colaborativas. Tú podrás haberte quejado en algunas circunstancias del trabajo en equipo, y es posible que tu hijo sienta algo parecido. ¡La colaboración puede ser difícil! Puede sentir que no todos los miembros del equipo hacen su parte. Es una posibilidad real en cualquier grupo. Cuando sea posible, ve si el maestro ofrece un método de colaboración, en vez de esperar a que a los estudiantes se les ocurra un modo equitativo de dividirse el trabajo.

Si el maestro no es claro en cuanto a los planes de colaboración, puedes hablar con tu hija, por ejemplo, sobre las virtudes de la colaboración simultánea comparada con la colaboración A/B (donde trabajas en una cosa, tu compañero lo edita y agrega algo y luego te lo regresan para que lo vuelvas a editar). Cuanto más grande el equipo, más difícil será colaborar simultáneamente, a menos que se hayan asignado roles específicos.

ASPECTOS PRÁCTICOS

Aquí hay algunas buenas preguntas que puedes hacerles a tus hijos para comenzar a discutir la deshonestidad académica:

- ¿Cuál es la diferencia entre colaborar y hacer trampa?
- ¿Alguna vez alguien se ha llevado el crédito por una idea tuya? ¿Cómo se sintió eso? ¿Qué hiciste?
- ¿Cómo sabes la diferencia entre una idea tuya y la de otra persona?
- ¿Cuándo está bien enviarle un correo electrónico a otro estudiante para que te ayude con la tarea?
- ¿Qué haces si un compañero de clase te está pidiendo ayuda constantemente? ¿Cuándo está bien decir que no? ¿Cómo sabes cuándo deberías de contárselo a tu padre o maestro?

CUANDO LAS ESCUELAS NO PUEDEN O NO QUIEREN CONTRIBUIR A QUE SE CUMPLAN LAS REGLAS

Con frecuencia las escuelas tienen políticas sobre la tecnología que están desactualizadas o que ni ellos mismos cumplen. El ritmo tan veloz del cambio tecnológico y la complejidad de actualizar las políticas pueden poner en aprietos a las escuelas. Hace unos pocos años, las escuelas primarias e incluso muchas secundarias no necesitaban políticas para los dispositivos personales. ¡Ahora sí!

Hace poco trabajé con una secundaria en donde había una regla expresa de no dispositivos personales, pero los niños igual tenían teléfonos. Era claro que la escuela necesitaba una mejor política que reconociera las realidades de sus estudiantes y trabajara con ellos productivamente. Los padres quieren confiar en que las escuelas impongan las reglas, aunque a veces nos gustaría hacer la excepción para nuestro propio hijo. La realidad es que muchas escuelas no hacen cumplir sus propias reglas, y es menos probable que las escuelas suburbanas o las particulares usen medidas fuertes, como exigir que todos los estudiantes entreguen sus teléfonos. A pesar de que algunos padres con hijos en estas escuelas desearían que hubiera ese tipo de acciones, muchos otros objetarían a gritos una media así.

¿Qué puedes hacer? Trabaja con otros padres de tu comunidad para exigir que se apliquen las políticas de la escuela, pero sé realista. Tienes que reconocer que si los dispositivos están presentes en la escuela, los niños no estarán del todo desconectados de ellos. También puedes darle apoyo a tu hijo para que obedezca las reglas al no textearle ni llamarle por teléfono a la escuela durante la jornada escolar. Además, muchos adultos coinciden en que, si la escuela tiene múltiples períodos de recreo, al menos uno debería de alentar la actividad física. Los padres pueden informar a las escuelas que esta es una prioridad.

Muchas escuelas están creando zonas sin conexión para el recreo o almuerzo, y algunas están promoviendo los viernes sin teléfono. Me agrada ver que las escuelas están reconociendo el tema y haciendo un esfuerzo por ayudar, pero ten en mente que los momentos de transición (como el recreo o la hora de la salida) pueden ser lo que llamo *zonas de caos*, y llega a ser increíblemente difícil aplicar las reglas durante esos tiempos. Tan solo entender este reto sería de utilidad: en algunas escuelas primarias, los padres pueden ofrecerse como voluntarios para monitorear el recreo o el almuerzo. Hacer eso, incluso una vez, te dará un sentido de cómo encajan los dispositivos en estos momentos de menos estructura durante el día escolar. Si descubres que se está usando negativamente la tecnología, una excelente alternativa puede ser un club de videojuegos o de programación, en caso de que haya acceso con supervisión mínima a los dispositivos durante el recreo o después de clases.

¿PERO QUÉ SE SUPONE QUE DEBO HACER?

Espero que esta sección haya arrojado luz sobre cómo involucrarte de la mejor manera posible en la educación de tu hijo. Involucrarte no solo tiene que ver con interesarte y aplicar las reglas, sino con qué contribuyes y cómo participas. No solo estás modelando una buena ciudadanía digital para tus hijos, sino para toda la comunidad que está comprometida con su educación.

Algunos consejos para lidiar con el panorama general de la crianza de un estudiante conectado:

- ¿Qué pasos puedes dar para ayudar a un maestro que no tiene tanta habilidad tecnológica?
- Antes de que tú (o tu hijo) le envíen un correo electrónico al maestro, ¿le demostraste que primero es mejor resolver la pregunta de otro modo?
- ¿Qué estrategias utilizas para ayudar con los temas de distracción?
- ¿Sabes cómo acceder al sistema de gestión de aprendizaje de la escuela para revisar el progreso de tu hijo? ¿Sientes que esta opción es útil o estresante?
- ¿Qué haces si te parece que tu hijo se está tardando demasiado en terminar la tarea?
- Un estupendo libro para empaparse más de la perspectiva que tienen los padres sobre la experiencia escolar del siglo XXI es *Smart Parents: Parenting for Powerful Learning* [Padres inteligentes. La crianza para un aprendizaje poderoso], escrito por los especialistas de aprendizaje de GettingSmart.com.
- ¿Qué orientación puedes darles a los niños que trabajan en tareas colaborativas?
- ¿Tienes alguna noción de cuánto tiempo debería de tomar la tarea de tu hija y qué partes exigen que esté en línea?
- ¿Cómo manejas situaciones en las que las escuelas no aplican las reglas tecnológicas establecidas?

NUEVE

CRECER EN PÚBLICO

Nos guste o no, nuestros hijos tienen una reputación digital, también denominada *rastro digital*. Así, debemos fijar en sus mentes la comprensión de que lo que crean se asocia con ellos. No queremos asociar el miedo a esta idea, simplemente tenemos que animar a los niños a que participen en los espacios sociales produciendo siempre contenido positivo. No se trata de impedirles ser críticos o discrepar en algo, pero su tono debe ser constructivo y sensible a los sentimientos de los demás.

La escuela es un lugar estupendo para aprender que lo que posteas o compartes con un público es parte de lo que la gente sabe de ti. Una excelente manera de crear una relación clara entre el contenido positivo y el rastro digital es hacer que tus hijos suban ahí su trabajo (cuando estén listos) y que la gente los asocie con un trabajo excelente y positivo.

COMIENZA CON LA CONCIENCIA

La gente siente mucho temor por las redes sociales y su efecto sobre los niños, pero las redes sociales no son malas en sí. Solo le suben el volumen a todo lo que ya le esté sucediendo socialmente a tu hijo: ser parte de una red social no transformará su personalidad. Hay ciertos peligros inherentes y, por lo mismo, es bueno ser consciente de lo que está haciendo.

Si tu hija sabe que estás, o podrías estar, al pendiente de lo que hace, eso podría alentarla a controlar su propio comportamiento. Se ha demostrado que más gente se lava las manos después de ir al baño cuando hay otra gente alrededor. Nos sentamos un poco más derechos cuando hay otra persona en el cuarto. Saber que la supervisión es una posibilidad puede ayudar a que tu hijo tome buenas decisiones. Pero, aunque no tengas la intención de supervisarlo de cerca, deberías recordarle que puede perder el teléfono o que alguien más podría estar viéndolo.

Las redes sociales por sí solas no son una amenaza para nuestros hijos: es cuestión de cómo ellos utilizan esas plataformas. Nuestro mundo conectado les ofrece a nuestros hijos oportunidades increíbles. Los adolescentes tienen una variedad de herramientas que pueden usar para postear sus experiencias y opiniones, pero a veces destaca la sensibilidad para saber lo que deberían, o no deberían, estar posteando.

LAS IMÁGENES COMO MONEDA DIGITAL

Como discutí en el capítulo 2, las fotos son una parte importante del mundo social de tu hijo. Nunca ha sido más fácil tomar y compartir fotos. Algunos niños parecen verlo como un reto personal y llenan el internet de selfies y de fotos de sus amigos etiquetadas.

Podemos quejarnos de la fascinación de nuestros hijos con las fotos o darle poca importancia, pero el hecho es que las imágenes digitales son una forma de comunicación, y una verdaderamente importante para los jóvenes de hoy. No puedes solo prohibir, o estarías ignorando una serie de habilidades cruciales. Los niños necesitan aprender a interpretar las imágenes y a comunicarse con ellas.

EL MENÚ DEL DÍA PARA LAS APLICACIONES FOTOGRÁFICAS

Mientras escribo esto, las aplicaciones que los niños usan predominantemente para compartir fotos son Instagram, Snapchat y, en menor medida, Facebook. También pueden compartir fotos y videos con WhatsApp, Kik y otras aplicaciones para textear. Hay más de 1 500 millones de personas en Facebook, lo que significa que la mayoría de los padres tienen al menos un poco de experiencia con esa plataforma; algunos papás revisan su cuenta ocasionalmente y otros son usuarios muy activos. Por lo mismo, es posible que aproveches tu experiencia personal de compartir fotos.

En el momento de escribir esto, Instagram funciona de una manera ligeramente distinta a Facebook: por un lado, en Facebook puedes anotar imágenes compartidas, pero Instagram tiene más que ver con la foto en sí. Te puedes poner creativo con tu foto y aplicar filtros para cambiar la imagen, pero en general las anotaciones están limitadas. Eso significa que realmente tienes que conocer a alguien para entender el contexto de la imagen. Snapchat expresa un deseo por lo efímero: la imagen desaparece poco después de que la abre el receptor. Hasta una historia de Snapchat, que es una conglomeración narrativa de instantáneas, tiene una vida útil de 24 horas.

Ruby Karp, de 15 años, escribe que el uso extensivo de las redes sociales "captura las inseguridades muy reales de los adolescentes. No queremos dar la impresión de ser perdedores; por lo mismo, tenemos que comprobarle a la gente que seguimos activos en nuestra 'escena social'. En vez de disfrutar de lo que estamos haciendo, solo tomamos fotos de lo que hacemos para lograr que otros adolescentes se sientan mal de no estar con nosotros".[1]

Ya que esas historias tienden a revelar momentos de socialización y típicamente se comparten en tiempo real, es fácil que fomenten las inseguridades del usuario. ¿Estoy en la mejor fiesta? ¿Está pasando algo mejor en otro lado? Si bien en un nivel intelectual las adolescen-

---

[1] Ruby Karp, "I'm 15 and Snapchat makes me feel awful about myself," *Mashable*, 20 de octubre de 2015, recuperado el 21 de abril de 2016, http://mashable. com/2015/10/20/snapchat-teen-insecurity/#fTYTJpk065qj

tes como Karp parecen entender que no tiene fundamento su *miedo a perderse de algo* (también conocido como FOMO, por sus siglas en inglés) y que la otra fiesta podría ser igual de aburrida que en la que está, eso no logra que ella (ni sus amigas) dejen los teléfonos para estar más en el momento presente.[2]

Para cuando este libro llegue a tus manos, es posible que otra aplicación se haya vuelto la favorita entre tus hijos y sus amigos. No es necesario enredarse en los detalles de cada aplicación; más bien quiero que entiendan lo deseables que son las aplicaciones que tus hijos utilizan activamente, la cultura que los rodea y sus potenciales obstáculos. ¡Y lo bueno es que ellos te lo pueden contar!

Los chicos aprecian la posibilidad de hablar en código al compartir fotos que tienen contextos que solo ciertos destinatarios entienden. Es probable que esta sea una de las razones por las que se ha vuelto tan popular Instagram entre los adolescentes y preadolescentes (en cambio, Facebook no es el favorito en este grupo de edad). Lo mismo ocurre con Snapchat. Aquí un buen ejemplo: una foto de una adolescente que vestía una sudadera con el nombre de alguna universidad podría significar poco para un desconocido, pero los amigos de esa chica entendían que significaba que ese día la aceptaron en esa universidad. El mensaje es instantáneo, es efectivo y está codificado. Es una especie de autoexpresión y alfabetización que a menudo no apreciamos.

CÓMO HABLAR CON TU ADOLESCENTE SOBRE FOTOGRAFÍAS PROVOCADORAS

¿Cómo abordamos el tema de las fotos provocadoras compartidas por adolescentes y niños más pequeños? Tanto padres como maestros se encogen de miedo cuando se menciona este tema. Los niños comienzan a interesarse por el sexo durante los años de la preadolescencia, pero también les interesa ser provocadores y hacer lo prohibido. Hay muchas imágenes que *no* caen en la categoría del *sexting* que, de todos modos, preocupan a los adultos, y puede ser difícil transmitirle a tu

---

[2] *Idem.*

hija de sexto grado por qué se siente inapropiada una fotografía en la que sale con las amigas haciendo puchero con los labios o echándose el cabello sobre el hombro.

En *Sexy Baby* —un documental sobre la representación de la sexualidad de mujeres y niñas en la era digital— hay una escena clave con Winnifred, de 12 años, y una amiga, donde se toman fotos en el moderno departamento de la niña, en Brooklyn.[3] Las niñas se estiran sobre los muebles, se dejan caer la ropa del hombro y sugieren "sensualidad" desde una perspectiva muy a modo de los 12 años. El padre de Winnifred les advierte que no publiquen ninguna de las fotos, pero no logran resistirse a la tentación de compartir las imágenes con sus compañeras. La siguiente escena que vemos es una confrontación enojada entre la niña, Winnifred, y su madre. Winnifred está llorando. Está más molesta por el hecho de que su madre les diga que en las fotos salen como "zorras" que por haberse metido en problemas. Las niñas de esta edad están en aprietos. Más adelante en el documental, Winnifred dice que tienes que aparecer como si estuvieras "dispuesta a co...", pero luego la vemos revisando sus fotos de gimnasia y recordamos que, en muchos sentidos, sigue siendo una niña.

La reacción de la madre brotó desde un lugar emocional, y probablemente ella se arrepintió de sus palabras. No debemos usar etiquetas negativas cuando hablamos con nuestros hijos sobre las fotos; mejor, se podría decir: "Sé que hay mucha presión para que trates de verte sexy, pero eres demasiado joven para postear fotografías que inviten a la gente a mirarte de ese modo. Eres hermosa, pero no quiero que sientas la necesidad de que la gente te lo diga todo el tiempo". Es más probable que los varones se sientan menos presionados para lucir "candentes" en sexto grado o primero de secundaria, pero podrían sentirse presionados a ver imágenes sexys o pornografía.

Según la investigadora de comunicación adolescente Susannah Stern, vale la pena tener una conversación (en vez de un sermón) sobre el *sexting* con nuestros adolescentes. Apoya a los niños para que entiendan que las fotos se pueden sacar de contexto y pídeles que

---

[3] *Sexy Baby*, dirigido por Ronna Gradus y Jill Bauer, 2012.

piensen en cómo podrían sentirse respecto a una imagen desde la perspectiva de la persona que serán en el futuro.[4]

Cuando hablo con los estudiantes, analizo el consentimiento con ellos. Jamás deberían sentirse presionados a mandar una foto suya para tratar de ganarse el favor o la atención de nadie. Y si reciben una foto inapropiada, deben saber que no hay que compartirla. Aunque la foto esté pasando por toda la escuela, tienen que reconocer que esto significa compartir de manera no consensuada, y no deben participar. Pero Stern señala que la curiosidad y el interés en el sexo y los sentimientos sexuales son normales en el desarrollo adolescente. En otras palabras, crear y compartir una foto no significa que algo esté terriblemente mal con tu hijo, pero no vivimos en una sociedad donde esta sea una manera segura de explorar la sexualidad.

Stern también señala la enorme diferencia en las consecuencias sociales para niños y niñas que toman y comparten fotografías sexys, además del hecho de que vivimos en una sociedad donde sexualizamos demasiado a las niñas. Cuando la cosificación de los cuerpos de las niñas y las mujeres está tan generalizada en los medios y en la cultura popular, no es nada extraño que las niñas crean que enviar fotografías provocadoras es una buena manera de coquetear o relacionarse con los niños. Y tampoco es del todo inconsistente con las normas sociales que a los varones se les pueda ocurrir que está bien guardar imágenes de una niña en particular, o incluso de muchas niñas (sin importar las ganas que tengamos de cambiar esas normas). Eso no significa que tengas que aceptar ese comportamiento, pero si tu hijo o alguno de sus amigos cree que está perfectamente bien guardar fotografías de chicas en su teléfono, lo más probable es que esté sacando esa idea de la gente que lo rodea.

Si descubres que tu hijo compartió una imagen suya o que recibió una imagen inapropiada de un compañero, intenta investigar más sobre el contexto antes de entrar en pánico. Si el contexto es coercitivo, es un problema de magnitud importante. Si en algún momento el contexto fue consensual, pero ya no lo es (por ejemplo, una expareja

---

[4] Susannah Stern, entrevista telefónica con la autora, 22 de enero de 2016.

circula una imagen), también es una situación preocupante. El mejor de los casos, lo que es sin duda un terreno difícil, que las imágenes compartidas se intercambien de manera consensuada y que tu hijo no se sienta dañado ni avergonzado.

Cuando hablo con los niños, enfatizo que si reciben una imagen cuestionable —a menos que el sujeto se las haya enviado directamente— deben entender que ellos *no* eran los destinatarios. Circular imágenes sin consentimiento es una violación ética. Las ramificaciones legales también son significativas, pero me enfoco en especial en la obligación colectiva que tenemos de no amplificar el daño al circular una imagen que se salió de las manos del sujeto. Si tu hijo o uno de sus amigos está en una situación en la que una foto está "allá afuera", es posible que quieras consultar otros recursos, por ejemplo, el folleto llamado "So You Got Naked Online" [Así que te desnudaste en línea]. Publicado en inglés en el Reino Unido y disponible para descargar, el folleto tiene consejos estupendos para los jóvenes que se encuentran en esta situación (swgfl.org.uk/products-services/esafety/resources/So-You-Got-Naked-Online).

ENTENDER QUIÉN ES TU PÚBLICO

Los innovadores trabajos hechos por danah boyd, una investigadora de Microsoft, nos ayudan a entender algunas de las percepciones de los jóvenes sobre crecer en espacios sociales con redes. En su libro *It's Complicated* [Es complicado], boyd cita como ejemplo a un joven que posteó algo en Facebook y recibió una respuesta de alguien que no se esperaba: el post estaba dirigido a sus amigos, pero su familia (y otros contactos) podían verla también; cuando su hermana mayor, que estaba en la universidad, respondió a su post con un "Ay, hermanito", él lo sintió como una invasión. Se puso a pensar "No, no estaba hablando contigo", a pesar de que había compartido su post con todos sus contactos.[5]

---

5 danah boyd, *It's Complicated: The Social Lives of Networked Teens*, New Haven, Yale University Press, 2015.

boyd señala que los adultos usan las redes sociales de modo distinto que los jóvenes. Las redes sociales son un "segundo espacio" para los jóvenes, donde pueden pasar el rato de forma virtual incluso cuando no están físicamente con sus amigos. Las identidades de los jóvenes adolescentes y preadolescentes están cambiando una y otra vez, así que se pueden sentir particularmente atraídos a la naturaleza efímera de algunas aplicaciones sociales como Snapchat. Las plataformas como Facebook pueden seguir siendo atractivas, pero la larga memoria de un post en un muro de Facebook podría ser una de las razones por las que Facebook está perdiendo popularidad entre chicos de 13 a 17 años. boyd señala que "una de las razones por las que todas estas cosas visuales (como Snapchat) están llegando en este momento es porque la gente no quiere que los puedan buscar todo el tiempo".[6] Así que las aplicaciones más efímeras, en donde se supone que las fotos desaparecen (Snapchat) o quedan enterradas en un muro concurrido (Instagram), podrían ser más atractivas para los jóvenes que Facebook, con sus álbumes fotográficos y archivos fáciles de buscar.

Uno de los retos para cualquiera, pero en especial para los chicos que llegan por primera vez a las redes sociales, es que podemos olvidar quién ve nuestros post. Podríamos tener en mente solo a pequeños segmentos de nuestro público potencial y compartir cosas destinadas a pocos amigos, olvidando que otros podrían verlas. Es interesante que los niños que hacen esto a veces se sienten enojados o invadidos cuando esas personas (incluyendo los padres) hacen comentarios o reaccionan, aunque hayan compartido la imagen o el mensaje públicamente. Podemos recordarles que otra gente podría compartir lo que posteamos. Los niños deben recordar que no tienen carta blanca para decir lo que les venga a la mente, incluso cuando están activadas las configuraciones de privacidad. Todo se puede compartir, una y otra vez.

Algunos niños participan en aplicaciones como Omegle para "hablar con desconocidos", pero en general les interesa interactuar con

---

[6] *Idem.*

otros chicos que ya conocen o que están conectados a gente que conocen en persona. Perciben las redes sociales como un espacio de pares. Elliot y Jonathan, mis informantes que juegan Minecraft, me contaron que jugar con desconocidos "está bien, pero puede ser extraño, o podrían empezar a hablar en otro idioma". Más bien, cuando entran a servidores públicos, buscan a los niños que conocen en persona. Otros niños me han contado de personas que han hablado con ellos o les han mandado mensajes desagradables desde algún juego.

Otro reto de las redes sociales y listas de contactos tiene que ver con el cuidado de los amigos: saber a quién seguir, de quién hacerte amigo, con quién compartir tu número telefónico, etc. Adrián, un chico de segundo de secundaria, me dijo que "si conoces a alguien, o has oído hablar de ellos, normalmente dejarás que te sigan. Y los sigues a ellos, porque sería raro no hacerlo". Podemos recordarles a nuestros hijos que no necesitan seguir a cualquiera solo porque han "oído hablar" de él, y también hay que animarlos a limpiar sus contactos periódicamente y quitar a gente que no recuerdan, por ejemplo. Si tu hijo compartió su número telefónico con media ciudad mientras enviaba mensajes grupales en sexto de primaria, un buen reinicio podría ser un nuevo número telefónico para la secundaria.

Como mencioné, los niños pueden tener ciertos públicos en mente y no otros cuando postean. Es bueno recordar a toda la multitud y saber que otra gente podría compartir lo que posteamos. A lo mejor los adultos hemos aprendido a no escribir correos electrónicos que no queremos que se reenvíen, pero muchos lo hemos hecho, a pesar de saber que no deberíamos hacerlo.

Preguntas para hacerles a tus hijos:

- ¿Cuándo es una buena idea no permitir que alguien te siga, o incluso bloquear?
- ¿Sientes que es grosero no conectarte en las redes sociales si alguien comienza una conexión contigo?
- ¿Se te ocurre algún momento en el que posteaste algo y te hizo un comentario alguien que no te esperabas? ¿Cómo te hizo sentir?

CUANTIFICAR LA POPULARIDAD

¿Cómo se lidia con la naturaleza cuantificable de los "me gusta" y los seguidores? Confieso que he tenido mis momentos: después de que se compartió mi charla TEDx en Upworthy, la cantidad de visualizaciones fue subiendo día con día, por centenares, durante varias semanas. Me descubrí revisándolo varias veces al día esa semana, y admito que ver cuando subían tenía algo de embriagador.

A medida que los niños vayan construyendo sus redes, ayúdales a identificar a quién deberían de aceptar como contacto o seguidor. No deberían seguir a alguien solo para rastrear sus movimientos: a menudo los chicos quieren seguir a otros chicos que son muy conocidos en la escuela, los chicos populares; pero ¿es tan divertido saber qué están haciendo esos niños si en realidad no eres su amigo, o si sus actividades no te incluyen? Incluso los adultos a veces cuantifican sus números en las redes sociales, aunque a menudo miren con recelo a quienes tienen conexiones que parecen estar dominadas por vínculos débiles. Las cantidades y tipos de conexiones consideradas apropiadas son relativamente específicas al medio o a la aplicación. Tener muchos seguidores puede ser importante en Twitter o en Instagram, por ejemplo, pero Facebook ha tenido una tendencia que va hacia un conjunto de relaciones más mutuas, con la excepción de las páginas de celebridades o negocios.

Después de conducir unos grupos focales con niñas de primero de secundaria, quedó claro que definían como "demasiados" seguidores en redes sociales tener cerca de 25% más de lo que quien lo definía tenía: así que, si una chica tiene trescientos seguidores de Instagram, entonces define como "demasiados" a más de quinientos.

En contraste con los chicos, muchos de los cuales se quedan en medio de un grupo de compañeros de escuela año tras año, la mayoría de los adultos ven sus relaciones fuera del rubro de lo *popular* o *no popular*. El trabajo que implica mantener las amistades a la vez que se hacen malabares con la carrera y la familia necesariamente filtra a muchos de nuestros círculos sociales adultos, dejándonos predominantemente con amigos que realmente nos agradan, quizá viejos amigos que hicimos en la universidad o cuando teníamos más tiempo, a los veintitantos años, o amigos cultivados en las trincheras del trabajo y la paternidad.

LOS NIÑOS QUE SE ABSTIENEN DE LAS REDES SOCIALES

Algunos niños comparten en internet sin formar parte de las redes sociales. Conozco a una joven muy pensativa y artística, Annie, que asiste a una escuela pública grande y comparte el almuerzo con su mejor amiga todos los días. Annie no tiene un amplio círculo de amigos y es una niña bastante introvertida y reservada. Es una artista talentosa y crea obras interesantes a partir de materiales reciclados. Su madre la ayudó para que se registrara en la página web de la ciudad para jóvenes artistas. Ahí puede compartir su trabajo, además de en otros sitios como Etsy. Puede comunicarse con otros jóvenes artistas, compartir su trabajo y obtener retroalimentación.

Hay muchas maneras de ser sociales sin las redes sociales, ya sea en línea o fuera de línea. Los padres de esta niña no querían que estuviera en Instagram a los 11 años. La hija está de acuerdo: no tiene el menor deseo de tomarse muchas fotos con las amigas y compartirlas públicamente, lo que es un aspecto importante de las plataformas de redes sociales.

Algunos niños también se abstienen de las redes sociales después de una mala experiencia o porque simplemente no les gustan. Esta puede ser una ruptura restauradora y útil. Yo no me preocuparía si tu hija rehúye las redes sociales, en especial si es algo acorde con su personalidad. Sin embargo, si cierra las cuentas y se sale de repente de todas las redes sociales, podría ser señal de alarma de que algo está seriamente mal: en definitiva hay que estar alerta.

IDENTIDAD SOCIAL EN UN NUEVO MUNDO

Como resultado de crecer con las redes sociales, los niños de mis grupos focales y talleres tienen una percepción muy precisa de su presencia pública frente a sus compañeros. Por lo general se enfocan más en lo que significan sus perfiles en el mundo micro de sus propias escuelas o escenas sociales que en el mundo macro que habitan los desconocidos.

Los padres tenemos que entender lo suficiente la cultura del mundo de las redes sociales de nuestros niños para poder apoyarlos y mentorizarlos. Eso no quiere decir que tengamos que formar parte de esa cultura o (¡Dios nos libre!) usar su jerga. Pero deberíamos darnos cuenta de que, desde afuera, la manera en que los niños juegan juntos, envían mensajes grupales o pasan el rato en las redes sociales podría parecer un caos; pero, desde adentro, los niños a menudo están siguiendo reglas implícitas, ¡y saben si metieron la pata! Es más importante descubrir cómo se sienten estos niños al respecto de estas reglas y de su papel en estas microculturas que tratar de darles seguimiento a las minucias de las reglas o a las aplicaciones en sí.

La mayor parte del tiempo, nuestros niños no tienen en mente a sus futuros empleadores cuando vigilan su propia *gestión de las impresiones*, sino a la gente de su escuela o del mundo en donde están tratando de encontrar su lugar. Los niños pueden postear y predecir qué tan rápidamente llegarán los "me gusta" y los comentarios. Si no tuvieron razón, es posible que se sientan avergonzados y, a veces, quiten su post. Las tres niñas de tercero de secundaria de la ciudad de Nueva York a las que cité en el capítulo 7 postearon una foto desde el estudio durante su entrevista con Ira Glass, y luego la discutieron:

IRA GLASS: ¿ENTONCES QUÉ PREDICEN QUE VAYA A OCURRIR?

ELSA: NORMALMENTE HAY AL MENOS... NORMALMENTE HAY DOS "ME GUSTA" EN UN MINUTO. PERO NO SÉ, PORQUE ES POSIBLE QUE LA GENTE TODAVÍA NO ESTÉ DESPIERTA.

IRA GLASS: ERAN LAS 11:00 DE LA MAÑANA DE UN DÍA SIN CLASES, LEJOS DEL HORARIO DE MÁXIMA AUDIENCIA PARA POSTEAR FOTOS. NORMALMENTE SE RECIBEN MÁS "ME GUSTA" Y COMENTARIOS DE NOCHE. PERO, YA SABEN: ERAN LAS 11 DE LA MAÑANA. PASA UN MINUTO. NADIE RESPONDE A LA FOTO QUE SE TOMARON EN EL ESTUDIO. ¿Y ENTONCES?

ELSA: AH, ESPERA, TRES ME GUSTA.

JULIA: AH, TRES ME GUSTA.

JANE: DE RO...

Elsa: De tres personas. Nadie ha comentado todavía. Una es mi mejor amiga. Está bien, otra persona le dio me gusta. Dos personas.

Jane: Dos personas. Está bien, ahora tenemos muchos me gusta.

Elsa: Tres. Otra persona.

Jane: ¿Cuántos me gusta tenemos ahora?

Elsa: Seis, creo.

Jane: Está bien, obtuvimos uno, dos, tres, cuatro, cinco, seis me gusta en un minuto. Está bastante bien, Elsa.

Una parte de crecer en público es esa necesidad de una respuesta a lo que compartimos y la predictibilidad de la respuesta. Pero no queremos que nuestros niños dependan de los "me gusta", así que ¿cómo les ayudamos? Es importante entender que los niños de esta edad tienen reglas sociales algo rígidas que están implícitas. Las reglas son: no podemos decirte cuáles son, pero te dejaremos fuera si las rompes.

Un paso útil es darles la oportunidad a los niños de discutir "las reglas", e incluso explicarles a los que tienen menos conocimientos que tiende a haber ciertas reglas tácitas sobre las interacciones entre pares. Si tu hija termina caminando por un campo minado tras violar alguna regla que no conocía, bríndale tu apoyo. Tu meta no es lograr que se vuelva una seguidora compulsiva de las reglas, sino empoderarla para tomar decisiones con al menos cierta comprensión del panorama de sus pares. Para aprender más acerca de sobrevivir a los grupitos sociales de la secundaria y otros temas, puedes revisar el libro *Enemigas íntimas*, de Rachel Simmons, o también *Middle School Makeover*, de Michelle Icard y *Masterminds and Wingmen* o *Queen Bees and Wannabes*, de Rosalind Wiseman.[7]

---

7 Y en español, Claire Mysko, *Cómo ser una chica increíble*, México, Paidós, 2017. [N. de la E.].

ROMPER EL CÓDIGO SOCIAL

En uno de mis grupos focales con niñas de primero de secundaria en un suburbio de clase acomodada, todas tenían iPhones y eran ávidas usuarias de Instagram, excepto por una, que tenía un iPhone pero decidió no usar Instagram. Las otras estaban muy en sintonía con sus imágenes, y tenían una clara serie de "reglas" sobre las fotos.

Tenían cierta conciencia de su estatus socioeconómico privilegiado, así que comentaron que *no* estaría bien compartir fotos de unas vacaciones en un hotel elegante, la alberca, etc. Pusieron de ejemplo a una compañera de clases en particular, Jocelyn, quien había violado esta regla (sin saberlo). Esta regla, como tantas reglas sociales tácitas, se volvió clara y vívida para estas niñas después de haber sido violada.

Jocelyn había vuelto de unas vacaciones lujosas en un *resort* en el extranjero y había mostrado fotos de las vacaciones como parte de un proyecto escolar. Esto molestó a las otras niñas, porque sintieron que el valor "educativo" del viaje era nulo. De hecho, identificaron este comportamiento como un modo inmaduro de "alardear". Pudieron dar muchos ejemplos de otros chicos —se presume que también muy privilegiados— que habían hecho "viajes incluso mejores" o que vivían en "casas increíbles", pero que "tenían claro que no debían" postear sobre el tema.

El juicio de los compañeros sobre la sexualidad

Jocelyn, quien mostró sus fotos de las vacaciones, también se volvió blanco de ataques por haber posteado una foto en bikini del mismo viaje, a pesar de "no tener nada que mostrar". Después de averiguar un poco, me enteré de que también había reglas sociales de cuándo podría estar bien compartir una foto con un amigo y no con otro, cuándo sería apropiado postear fotos en traje de baño y otros casos especiales. Las niñas habían aprendido de los adultos que no debían compartir fotos que fueran demasiado reveladoras o "demasiado sexys". Pero era claro que ellas también tenían sus propios estándares con los que juzgaban a sus pares.

De todos los juicios a los que podrían estar sujetos, los de los compañeros son los más temidos por los niños. Lamentablemente, basada en mis conversaciones con niños y adultos, hay una doble moral sexista que es muy común entre las comunidades urbanas y suburbanas. Las reglas sociales tácitas sobre las publicaciones en bikini muestran que para las niñas hay una línea muy fina entre ser atractiva, que es bueno, y ser "demasiado sexy" o "esforzarte demasiado", que es malo. Ser demasiado sexy también puede llevar a que te tilden de prostituta (lo que se conoce en inglés como *slut shaming*), y a lo que las chicas todavía llaman "tener mala reputación", justo como lo hacíamos nosotros de chicos.

Como persona imparcial y de fuera (y como hago muchas preguntas), las niñas me explicaron la "regla del bikini" más explícitamente y revelaron más sobre las reglas de lo que de otro modo habrían hecho. Su regla para los bikinis era la siguiente: "Puedes postear una foto de un bikini o traje de baño si estás con tus hermanos o tu familia". Todas las niñas coincidieron de alguna forma en esta regla. En otras palabras, no le eches demasiadas ganas a verte sexy, y estarás bien. Estas niñas quieren que las vean bonitas y sexys de alguna manera, pero también son lo suficientemente jóvenes como para querer que las vean como inocentes: la cultura les dice que sean un poco sexys sin que las perciban como que quieren ser sexys. Es un equilibrio difícil de lograr a cualquier edad, pero es imposible en primero de secundaria. Y sin duda, esta "niña inmadura" sin "nada que mostrar" rompió un lado de las reglas sociales.

Ahora miremos el otro lado: las niñas identificaron a otra compañera que rompió el código social, pero de un modo distinto. A esta niña de primero de secundaria la veían como demasiado sexual. Algunas de las niñas incluso dijeron que sus mamás no querían que pasaran el rato con la niña "demasiado sexy". Desafortunadamente, el problema se expuso por medio de un mensaje de texto: se compartió que "mi mamá no quiere que pase tiempo con M..." en un chat grupal done esta niña (*¡ups!*) estaba presente. Estos traspiés solo le echan leña al fuego y empeoran el problema.

Los niños también enfrentan juicios sobre la sexualidad que pueden ser desafiantes en un mundo de redes sociales. Se pueden cohibir cuando se trata de la imagen corporal y también podrían enfrentar fuertes presiones para mirar pornografía o imágenes sexuales como parte de la "cultura de varones". Es importante dejar saber a los niños que no tienen que hacer esto, y que estas imágenes descontextualizan el sexo. Deben entender que las chicas y mujeres de verdad no responden del mismo modo en que lo hacen las actrices en los escenarios que ven representados.

Una parte importante de la crianza tanto de niñas como de niños es ayudarles a cultivar una autoimagen fuerte y positiva que incluya la sexualidad, pero que no los cosifique ni a ellos ni a otros. Los grupos juveniles, grupos de *scouts* y las oportunidades de trabajo voluntario en la comunidad pueden ser buenos socios para los padres en esta empresa tan desafiante.

¿QUÉ PODEMOS HACER PARA AYUDAR?

Sin ser demasiado alarmista, creo que los padres deberían poner atención a la cantidad de tiempo y energía que están dirigiendo sus hijos a cultivar su imagen en línea. Las reglas específicas antes descritas se destacan entre las niñas de primero de secundaria en esa comunidad, pero existe una serie única de reglas sociales para cada comunidad.

Reconocer la existencia de las normas sociales es un buen inicio, y puede ser una buena manera de lograr que los niños hablen de sus propias culturas particulares. Identificar las normas sociales ayudará a que tú y tu hijo entiendan cómo las redes sociales, los chats grupales y otras interacciones digitales se negocian en el mundo de tu hijo. La aparición de estas reglas (normalmente) tácitas muestra qué tan de cerca los niños están observando y vigilando lo que comparten los demás, y cuánta atención ponen a lo que ellos mismos comparten. Toda es buena información en manos de mentores como tú.

Es importante alentar a los niños a resistirse a juzgar muy negativamente a otros niños y ayudarles a lidiar con el estrés de saber que lo que comparten se puede juzgar duramente. Aunque tus hijos estén formando su propia sociedad, no necesitan sentirse solos al enfrentar reglas que a veces son confusas o arbitrarias.

Algunas buenas preguntas para hacerles a tus hijos:

- Si estuvieras haciendo una guía para alguna red social (o puedes nombrar la aplicación en particular que les encanta) para alumnos de intercambio de otra cultura, ¿qué les dirías para que no metieran la pata?
- ¿Esa "regla" es la misma para los niños que para las niñas? ¿Por qué sí o por qué no?
- ¿Cuáles son algunas de las "reglas" que puedes cambiar?
- ¿Las redes sociales alguna vez te estresan?
- ¿Cómo te puedes dar un descanso?
- ¿Los niños alguna vez postean cosas solo para agradarles a otros?
- ¿La gente debería eliminar algo si poca gente responde?

La autorrepresentación visual

Cuando les muestro fotos de otros niños a los chicos de mis talleres, sus comentarios más bien son juicios. A menudo dicen cosas como "Se ve muy desaliñado", "Le echa demasiadas ganas", "Sonrisa tonta" o, acertadamente, en una escuela en Indianápolis, los niños dijeron "Carmel", que es el nombre de un suburbio de la clase alta. En realidad, la foto era de un niño de un suburbio de ricos de Mineápolis. Así, en cierto sentido, los niños se equivocaron pero también estaban en lo correcto. Estos niños estaban aplicando *contexto* y aventuraban suposiciones basadas en su propio sentido de la geografía social. Las conversaciones revelan cuán afinados se pueden volver los sentidos de los niños sobre las claves contextuales tomadas de los rostros, la ropa y la ubicación. En este ejemplo, el sujeto estaba parado en una zona verde frente a una entrada para autos o privada, así que la suposición de los suburbios tenía sentido. Pero ¿qué pasa con los niños que dijeron que una niña se veía "presumida"? Un enfoque de inteligencia digital no solo tiene que ver con eliminar los prejuicios y los juicios por completo. Es mejor ayudar a los niños a reconocer y examinar sus juicios iniciales, y ayudarles a entender que la gente que no los conoce es propensa a hacer juicios precipitados basados en sus fotos.

Podemos modelar modos apropiados de juzgar a otra gente. Intenta este ejercicio con tus hijos: muéstrales fotos de otros niños y pregunta cómo las juzgan. Cuando no conocen a la persona o el contexto, pueden ser sentenciosos y crueles. Sin embargo, nuestros niños sí entienden el tema del contexto. Podemos enseñarles no juzgar a los demás. Hazle ver que en realidad no sabemos nada de la persona, con excepción de las señales externas. Introduce otras posibilidades y otros escenarios.

Cuando pregunto a grupos de chicos de segundo de secundaria si alguna vez han visto una foto de una persona antes de conocerla, casi todos levantan la mano. Y cuando les pregunto si alguna vez les ha sorprendido lo que resulta ser la persona en la vida real después de la impresión que se formaron a partir de la foto, muchos vuelven a levantar la mano.

EL RASTRO DIGITAL DE TU HIJO

Me encanta la noción de huella o rastro digital. Para mí, significa que estamos dando pasos hacia delante: el progreso es bueno. Pero con cada paso, también estamos dejando algo atrás. A veces esa huella puede desvanecerse rápidamente, como caminar en la arena en un día con mucho viento. A veces puede ser más duradera, como pisar sobre el cemento mojado. El contexto importa.

Las huellas son una metáfora apta porque, seamos o no conscientes de ello, vamos dejando rastros nuestros en el mundo digital. Cada vez que posteamos una foto en Facebook, enviamos un correo electrónico o incluso hacemos una llamada con un celular, creamos datos. Con suficientes datos, se va formando una imagen: dónde estamos, qué estamos haciendo y con quién estuvimos.

Comparado con el mundo de ayer, esto puede sonar espeluznante. Podrías incluso sentirte tentado a salirte de las redes. Sin embargo, todos los días aceptamos las conveniencias modernas a cambio de esta inconveniencia aparentemente menor. Así que seamos realistas, busquemos en modos de administrar nuestros rastros digitales y, más importante, de ayudar a nuestros hijos a entender la recopilación de datos para que puedan tomar mejores decisiones.

No más "te caché"

Tanto los padres como los educadores podemos preocuparnos mucho por el rastro digital de los niños. Aunque merece cierta precaución, también existen muchos mitos en torno a esto. ¿Cuántas veces has oído historias negativas de las redes sociales que han salido mal, que muestran reputaciones que fueron dañadas de modo permanente e irreparable?

De verdad detesto el género tan venenoso de humillación que se lleva a cabo en las redes sociales, conocido en inglés como *gotcha* o "te chaché".[8] Es mezquino reírse cuando un tuit irresponsable logra que a alguien lo despidan de su trabajo. La chica que odiaba el uniforme de su trabajo de verano y envió un tuit cometió un error de juicio. Sí, fue su culpa: envió el tuit. Pero ¿deberíamos deleitarnos con la idea de una chica que pierde un trabajo de verano que tal vez de verdad necesitaba? ¿Es necesario que se le echen encima cientos de personas? ¡De por sí tuvo que pagar un precio alto al perder el trabajo![9]

Los niños son vulnerables a estos traspiés, ya que todavía están tratando de entender la línea entre lo que es chistoso y lo que no. Los papás y maestros tenemos que tener cuidado de no cometer los mismos errores. Señalar la metida de pata de un niño no debería de sentirse como ese momento de "te caché". Los niños están explorando y aprendiendo a interactuar, actividades saludables que debemos nutrir. La realidad es que tenemos que ayudarlos, pero, aún más importante, debemos enseñarles a reparar los daños cuando cometieron un error. ¿Cómo pueden pedir perdón? ¿Cómo pueden hacerlo bien la siguiente vez?

Cuando yo tenía 16 años, tenía un amigo que hacía muchos chistes cuestionables en referencia a Hitler. En el patio escolar o dor-

---

[8] *Gotcha* es literalmente "te atrapé", en referencia al tipo de periodismo (*gotcha journalism*) que no busca un debate sano, sino descubrir a la persona en una metida de pata, en un momento embarazoso que se puede explotar por el morbo.

[9] Adam Wells, "PSU OL coach drops recruit over tweets", *Bleacher Report*, 30 de julio de 2014, recuperado el 31 de enero de 2016, http://bleacherreport.com/articles/2146596-penn-state-ol-coach-herb-hand-drops-recruit-over-social-media-actions?utmsource=cnn.com

mitorio de antaño, estas bromas —si bien ofensivas— no tenían un registro permanente. Hoy en día, él ocupa un puesto con mucho poder en la industria cinematográfica. Sigue teniendo un sentido del humor poco convencional, pero como adulto es lo suficientemente listo como para no tuitear una broma sobre Hitler.

Si avanzamos rápidamente a los niños de hoy, un chiste ofensivo posteado en Instagram, Twitter o Snapchat (sí, ¡incluso en Snapchat!) podría seguir rondando durante años. Pase lo que pase el post es permanente. Por lo general, las redes sociales y la comunicación digital se sienten efímeras, pero eso no nos debe engañar. La buena ciudanía digital significa que nos conducimos en línea como lo haríamos fuera de línea.

Y hablando de eso: cuando un amigo o compañero de clase postea algo que es genuinamente ofensivo —o incluso le da el tono equivocado—, debemos enseñarles a los niños a decir con elegancia: "Sé que te pareció chistoso, pero no lo es".

Intenta iniciar las siguientes conversaciones con tus hijos:

- ¿Alguna vez viste que alguien tratara de ser gracioso en un chat grupal, pero que en vez de ello lastimara a alguien?
- ¿Crees que la gente dice ("fue solo una broma") cuando están siendo crueles?

Las "rueditas de entrenamiento" para compartir

En mi experiencia ayudando a los padres a gestionar el rastro digital de sus hijos, encuentro que a menudo muchos padres se preocupan de las cosas equivocadas, y tienden a concentrarse demasiado en lo negativo. A tu hijo lo contratarán después de salir de la universidad, aunque tenga errores de ortografía en el blog de Tumblr que escribía a los 12 años.

Los adultos deberían animar a los niños a presentar su mejor trabajo y la mejor versión de ellos mismos, haciendo cosas de las que pueden estar orgullosos. Esto es más útil que intentar "esconder" ofensas o "limpiar" sus reputaciones. Esta puede ser una manera estupenda de que los niños aprendan sobre la creatividad. El blog de una clase en una comunidad escolar en donde comparten cosas es un espacio fantástico para que tu hijo aprenda de los aspectos positivos de volverse "conocido" por su trabajo.

Los maestros o entrenadores que conocen y entienden a tu hijo están en buena posición para ayudar en caso de que haya cualquier historia seria que necesite mayores explicaciones cuando tu hijo haga su solicitud para la universidad. Los errores se pueden entender en el contexto y de ser necesario se pueden discutir.

Un mantenimiento correcto de perfil

Sugiero que se haga una auditoría de privacidad de cada una de las cuentas en redes sociales que tienen tú y tus hijos al menos dos o tres veces al año, para ver qué puede encontrar en una búsqueda pública. ¿Tu hijo está compartiendo videos y fotos? Es una buena idea hacer una búsqueda con uno o dos motores de búsqueda importantes. Si encuentras algo que no te gusta, lo puedes abordar de varias maneras. Por ejemplo, ponerte en contacto con la persona que posteó la imagen o mensaje y pedirle que lo baje. Por ejemplo, a veces aparecen en las búsquedas de internet los post en las redes sociales compartidas con una configuración mínima de privacidad. Si el post aparece en el muro de las redes sociales de tu hijo, es posible que lo pueda quitar. Aunque no queda completamente eliminado de los archivos de internet, bajar el post hará que sea menos probable que con el tiempo aparezca en los resultados de búsqueda.

Audiencias auténticas e interacciones civiles

Una de las formas más sencillas de mentorizar a los niños sobre las interacciones educadas es por medio de la sección de comentarios del blog. Queremos que los niños hagan cosas como establecer su propia política de comentarios de los blogs. A menudo se sugieren normas como "Tienes que leer mi post completo antes de comentar". ¿Cuántos rencorosos comentarios has visto en las que los adultos no han seguido una política tan sensata?

Otra opción es configurar los comentarios para que se tengan que aprobar, y que los padres los puedan filtrar. Sin embargo, ¡puede implicar mucho trabajo! Podría parecer más fácil simplemente mantener a los niños fuera de los medios digitales por completo. Si estás en una posición en la que no puedes mentorizar debido al tiempo o alguna otra limitación, esta podría ser una buena manera de hacerlo.

Además, los niños son sensibles al tono de los comentarios. Es difícil gestionar cualquier tipo de conflicto, incluso para los adultos. Cuando la interacción se hace en línea, se agrega una capa de complejidad, ya que se vuelve más difícil sentir empatía por alguien a quien nunca conociste en persona, ¡y donde el único contexto es un comentario de blog!

Como ejercicio, pregúntales a tus hijos:

- ¿Deberías responder al post en un blog con la que no estás de acuerdo? ¿Cuándo no deberías responder?
- ¿Cómo puedes disentir de modo apropiado y respetuoso con algo que leíste?
- Cuando difieres, ¿usas evidencia y un argumento correcto para refutar el otro argumento?
- ¿Qué deberías hacer (o no hacer) cuando alguien postea un comentario cruel sobre otra persona?

Hablar directamente de estos temas con los hijos fija estas cuestiones en sus mentes. Todavía necesitan "aprender haciendo", pero la discusión proporcionará cierta orientación a medida que aprenden. Hacer que los niños fijen sus propias políticas puede ayudarlos a entender el equilibrio: si administran demasiado la sección de comentarios, habrá menos participación; pero si la dejan completamente sin límites, alguien podría salir lastimado, o la conversación podría ser menos productiva y significativa. Esa es una gran lección de vida.

El rastro digital

Las redes sociales no son gratuitas. Aunque no paguemos por usar Facebook o Google ni otras plataformas sociales, eso no quiere decir que no tengan un costo. "Pagas" por cada uno de estos servicios con tus datos. Los hayas leído o no, marcaste "estoy de acuerdo" con cada una de las "condiciones de servicio" (CDS o TOS, por sus siglas en inglés) o acuerdos de licencia del usuario final (EULA) de cada plataforma. Estos documentos son impenetrables a propósito, pero el quid de la cuestión es este: a cambio de usar nuestra plataforma sin costo, accedes a que usemos los datos generados por tus interacciones.

Suena espeluznante, ¿no? Aunque no creo que estas empresas tengan metas malvadas, sin duda son más comerciales que benevolentes. Sus modelos de negocios se construyen sobre la confianza de sus usuarios, así que lo más probable es que no sea de su interés erosionar esa confianza. Pero está bien que seas consciente de cómo están usando tus datos, para que así puedas poner lo que compartes a tono con tu nivel de confort, y enseñarles a tus hijos a hacer lo mismo.

Estás dejando un rastro de datos con todo lo que haces. La mayoría de estas empresas no están mirando tus post o comentarios individuales (ni les importan): usan *bots* para escarbar en tu contenido y encontrar palabras clave. ¿Es algo dañino? Algunos argumentarían que no. Sin importar lo que sientas al respecto, saber cómo se usarán tus datos debería afectar el modo en que usas las redes sociales. Con cada interacción estás produciendo datos, y estos datos están creando una imagen tuya. La única manera de controlarla es ajustar los datos que alimentas al sistema.

Geoetiquetado

Una de las primeras cosas que hay que ver —aunque no siempre sea la más obvia— es la transmisión de tu ubicación. Siéntate con tus hijos y revisa las configuraciones con ellos mientras abren o actualizan sus cuentas. Por defecto, la configuración para la geoetiquetación podría compartir tu ubicación sin que lo sepas.

Habla con tu hija para ver cómo se siente al respecto de la geoetiquetación. Juntas, piensen en algunas razones por las que podría no ser muy buena idea dejar que todos sepan en dónde estás con cada post que compartes. Además de los asuntos bastante obvios de seguridad, ¿ha considerado la posibilidad de que marcar sus ubicaciones (*check-in*) pueda hacer que algunos de sus amigos se sientan mal? A veces compartir sin que sea en tiempo real es una estrategia que usan los niños para bajar la intensidad de que los excluyan de las cosas. Pero con la geotiquetación, saber en dónde estabas ayer (¡o incluso hace una hora!) puede llevar a problemas entre amigos.

La privacidad y compartir de más

Como dije antes, los padres (y otros adultos) tienen la persistente creencia de que los niños de hoy no tienen la menor consideración por la privacidad. ¿Su evidencia? La "diatriba" de un adolescente en Facebook, alguna revelación inapropiada por medio de Twitter, una foto que habría sido mejor guardar que compartir.

Todavía recuerdo una vez que, estando en primero de secundaria, volví caminando a casa con una amiga que me dijo que odiaba a sus papás. Yo nunca me había atrevido a pensar algo así, y menos a decirlo en voz alta. Le di vueltas en la cabeza. A medida que la fui conociendo, me di cuenta de que tenía buenas razones para estar profundamente enojada con ellos. Sin embargo, comunicarme su verdad fue más privado y más profundo. Ahora consideremos el mismo mensaje, esta vez transmitido por medio de las redes sociales. "Odio a mi papá" podría tomarse fácilmente como algo ligero, como una broma o podría ser mucho más serio que eso.

Es un hecho que estos dos espacios sociales son profundamente distintos. El asunto no es que los niños no tengan un sentido de la privacidad, sino que no comprenden cómo gestionar cada uno de estos terrenos. Es complicado enseñarles a los niños cómo gestionar estas distinciones.

Digamos, por ejemplo, que estás enojado con una amiga. Necesitas desahogarte. Le llamas a otro amigo y haces justamente eso. Confiesas todos los detalles. Te sientes mejor. Sí, hay un riesgo en esto: esa conversación de desahogo podría llegarle a tu amiga. Sin embargo, imagínate lo difícil que sería si te desahogaras en Tumblr, y tu amiga descubriera el post tres semanas después. En esas fechas el tema podría haber sido resuelto en persona, pero las redes sociales lo "recuerdan". En última instancia, es un registro permanente, aunque se sienta efímero. Es un desafío increíble lograr que los niños entiendan esto. Así que, ¿qué puedes hacer?

- Fija una política de redes sociales para tu familia: qué sí y qué no se debe compartir. Hablen directamente de las normas.
- Revisen situaciones hipotéticas, en las que usan amigos de verdad y familiares. De esa manera, tus hijos entenderán la política en el contexto de la empatía real y las emociones.
- Haz que tus hijos busquen y señalen cosas que sus compañeros están haciendo "mal". Esto hará que echen un ojo crítico sobre sus interacciones sociales, usando ejemplos reales, y te abrirá una ventana hacia su juicio.

DESARROLLAR LA INTELIGENCIA DIGITAL ES UN PROCESO

Aunque los temas de este capítulo no siempre son divertidos, espero que te sientas animado y no abrumado. Muchos de los obstáculos con los que se cruzan los niños por medio de sus dispositivos e internet también estaban presentes en nuestro mundo. La conectividad solo agrega una capa de complejidad a estos temas. A veces hace que sean más aparentes estos peligros para los adultos, y a veces los amplifican. Pero no olvidemos las oportunidades que tienen nuestros hijos de aprender, crear y compartir su trabajo en un mundo conectado. Cuando mentorizamos bien a los niños, las oportunidades pueden superar por mucho a los retos.

•

CIUDADANÍA DIGITAL PARA
LAS SIGUIENTES GENERACIONES

El éxito futuro de nuestros hijos dependerá de una verdadera fluidez digital. Su habilidad para relacionarse con otra gente y tener éxito en sus relaciones depende completamente de desarrollar una fuerte serie de habilidades digitales. Esta serie de habilidades digitales:

- Es una prioridad inmediata. Si no empiezan a desarrollarlas hoy, no tendrán éxito en el mundo de hoy ni en el de mañana.
- No es operativa ni funcional. No tiene que ver con usar el teclado ni con programar. Cualquiera puede aprender esas habilidades, con suficiente práctica.
- Tiene que ver con las relaciones. Tiene que ver con los tipos de conexiones que podemos tener unos con otros. Tiene que ver con la confianza.

Los matices importan. Aunque te sientas abrumado, puedes ser un estupendo mentor. Pero tienes que aprender para poder enseñar:

- Tu habilidad para criar, dirigir o enseñar se ve afectada por tu propia relación con la tecnología.
- Tu relación con la tecnología es un modelo para tus hijos. Aprender sobre su mundo es un requisito.

- Tienes la capacidad de relacionarte bien con otra gente. Tienes la capacidad de enseñarles estos principios a otros.
- No puedes desconectarte y decir: "Simplemente no entiendo esto". Tus hijos dependen de ti para que los guíes en este nuevo mundo.
- Los padres y mentores debemos entender y prepararnos para nuevos hitos (el primer correo electrónico, el primer teléfono, etc.) y preparar a nuestros hijos para ellos.

Las condiciones son favorables:

- Lo bueno: los niños realmente quieren mentoría. Desean y necesitan consejos relacionados con la era digital.
- Lo bueno: la alfabetización digital tiene que ver con una serie de habilidades. *Se puede aprender.*
- Lo bueno: los niños podrán tener habilidades tecnológicas, pero tú tienes sabiduría. Tienes en tus manos la pieza más poderosa del rompecabezas.

Si tomas este libro como un punto de partida para tener conversaciones con tu hijo, descubrirás que:

- Te acercarás más a tus hijos y reducirás el estrés en sus vidas.
- Aumentarás la confianza entre tú y tus hijos.

Tu mentoría ayudará a tus hijos:

- A elevar sus habilidades sociales y sentirse más en control.
- Ser mejores para manejar las reparaciones.
- Sentir que estás escuchando sus preocupaciones.

Armada con un poco de conocimiento y después de un poco de práctica regular, podrás hacer una diferencia positiva en las vidas de tus hijos.

Espero haberte convencido de que no tienes que saber todo sobre cada aplicación y dispositivo para mentorizar a tus hijos. Pero sí necesitas participar. Si no eres parte de su mundo, no puedes influir sobre su mundo. También espero haber logrado desarrollar el argumento de que los niños (en su mayoría) están muy bien. No *todo* es razón de preocupación.

La mentoría es el compromiso más importante que podemos tener con nuestros hijos. No importa si somos padres, maestros, líderes escolares o administradores. Si interactuamos de manera regular con los niños, somos parte de una comunidad en la que la mentoría es nuestra responsabilidad.

MENTORÍA ANTES QUE MONITOREO

Los mentores comienzan desde la empatía como un camino que lleva a la confianza y a la comunicación abierta.

Los mentores ven que los niños son muy creativos y perspicaces, pero que de todos modos necesitan modelos que imitar y de todos modos necesitan ayuda para navegar este mundo.

Los mentores reconocen que las habilidades tecnológicas no son lo mismo que la sabiduría. Nuestra experiencia de vida es un factor crítico en la ecuación.

Los mentores creen en la colaboración por encima del control. Al cocrear soluciones con los niños, se aprovecha su creatividad y al mismo tiempo se construye confianza.

Los mentores reconocen la necesidad de observar a los niños en su hábitat para poder tener una mejor comprensión de sus experiencias vividas.

Los mentores reconocen que el ámbito de las interacciones sociales ya es más complejo, y que los niños necesitan ayuda para poder construir buenas relaciones personales.

Los mentores creen en el poder de la curiosidad para activar a las mentes jóvenes.

Los mentores no quieren cachar a sus hijos haciendo lo incorrecto: ¡quieren *enseñarles* a sus hijos a hacer lo correcto!

Los mentores creen en la creatividad por encima del consumo. No todo el tiempo de pantalla es igual.

Los mentores entienden que los límites tecnológicos por sí solos no son sustitutos del hecho de que ellos se involucren. El monitoreo degrada la confianza y engendra un falso sentido del control.

Los mentores entienden que parte de crecer tiene que ver con las identidades, y que los asuntos en torno a los rastros digitales pueden restringir a los niños, del modo equivocado y en el momento equivocado.

A su vez, los mentores están listos para rendirles cuentas a los niños. Los buenos y malos hábitos que albergamos con la tecnología sirven de modelo para los niños.

Los mentores proporcionan espacio para el aprendizaje y el autodescubrimiento, y hacen planes que no surgen desde nuestra ansiedad y deseo de control.

Los mentores dirigen a sus familias, equipos y comunidad a favor de un mundo digital positivo para la siguiente generación.

LA CRIANZA DE LOS NATIVOS DIGITALES ESTÁ EN NUESTRAS MANOS

Tenemos que resolver juntos los problemas que surgen en el mundo digital, o corremos el riesgo de una nueva generación que no aprovecha plenamente las posibilidades frente a nosotros. Enterrar la cabeza en la arena o tratar de limitar el tiempo en pantalla de nuestros hijos no nos llevará al siguiente nivel.

- Somos optimistas. No presuponemos qué es lo que hacen los niños con la tecnología. Les damos la oportunidad y nos apegamos a los hechos. No sucumbimos ante el temor.
- Somos tecnopositivos. Sin embargo, aunque creemos que la tecnología puede ser una fuerza positiva, no creemos que sea omnipotente.
- Creemos en la curiosidad. La tecnología es un modo de aprender, de hacer otras cosas. Las mentes de los niños están vivas. Si se utiliza correctamente, la tecnología abre la creatividad natural de los niños.

- Nos emocionan los niños y su creatividad. Creemos que podemos aprender de los niños tanto como ellos pueden aprender de nosotros.
- Reconocemos que ocurren malentendidos todo el tiempo entre los adultos y los niños. Nos comprometemos a volvernos mejores en identificar y lidiar con estos vacíos en el entendimiento.
- Creemos que los niños son fascinantes, y que tenemos que estudiarlos en sus hábitats para entenderlos de verdad. Queremos que nos inviten a su mundo.

Hagamos el compromiso hoy, con nosotros mismos, y unos con los otros. La manera en que interactuamos y nos comunicamos seguirá cambiando, pero una cosa sigue igual: la verdadera ciudadanía digital es nuestra responsabilidad, y hay demasiado en juego como para dejarlo en manos del azar. Es vital para nuestros niños, es bueno para nuestras familias y es necesario para nuestras comunidades.

Levantémonos. Seamos mentores. La decisión es nuestra.

AGRADECIMIENTOS

Ha sido estimulante, abrumador e inmensamente gratificante a la vez dejar el mundo familiar de la enseñanza superior para fundar Raising Digital Natives. Estoy muy agradecida con los padres, educadores y jóvenes que se sinceraron y compartieron sus historias de los placeres y retos de crecer en estos tiempos.

Agradezco a Jill Friedlander y Erika Heilman por su apoyo perspicaz y entusiasmo por este libro. La visión editorial de Susan Lauzau logró que este libro no se descarrilara, y la sabiduría de Jill Schoenhaut, que el libro estuviera completo. ¡Gracias por su paciencia y sabiduría durante el proceso editorial! También agradezco a Alicia Simons, Ari Choquette y Shevaun Betzler de Bibliomotion por su perspicacia y visión al traer este libro al mundo: es un privilegio formar parte de la comunidad de autores de Bibliomotion. Mi colega, la autora Vicki Hoefle, ha sido un referente para pensar cómo poder servir a los padres.

Gracias también a Ron Lieber, Mary O'Donohue, Deborah Gilboa, Annie Fox, Deborah Siegel y Carrie Goldman, quienes compartieron consejos sabios sobre la travesía del libro. El grupo de discusión en Facebook de Raising Digital Natives, formado por padres y educadores muy listos, ofreció aportes valiosos de manera constante. Jeanne Warsaw-Gazga, Michelle Linford, Shoshana Waskow, Maria Zabala, Jeanne Marie Olson, Ellen Zemel, Melissa Davis y otros miembros de esa comunidad han contribuido mucho a mis ideas sobre estos temas. Estoy agradecida también con Jennifer Forsberg, RoiAnn Philips, Debi Lewis, Peter Eckstein, Cassie Bell y Amy Newman, y toda la demás gente lista y generosa que me dio retroalimentación sobre este libro.

Jamás podría haber escrito este libro sin Michael Boezi, genio de contenidos y pensador del panorama más amplio. Desde la charla en TEDx hasta *Nativos digitales,* las preguntas de Michael siempre son las correctas, y me siento agradecida de tener a Michael en el equipo. Mandi Holmes logra que Raising Digital Natives funcione sin problemas y Alicia Senior-Saywell me salvará de mí misma. Natasha Vorompiova planeó sistemas increíbles y Christy Hruska me ayudó a implementarlos. Karrie Kohlhaas ofreció brillantes estrategias y entrenamiento, y me ayudó a ver la necesidad de este trabajo en el mundo. Carolyn Ou me trató de ayudar a encontrar el equilibro entre el trabajo y la vida. Jessie Shternshus es mi ejemplo, increíble genio creativo y amiga, así que la suerte es mía, además de que es mi prima. Jill Salzman les ilumina el camino a muchos grandes fundadores, y todos deberían de pedirle que los presente cuando den una charla TEDx. He aprendido tanto y me he divertido tanto colaborando con Karen Jacobson. Eileen Rochford y Jeanne Segal son superestrellas de las relaciones públicas, además de perspicaces madres de adolescentes.

Los siguientes amigos me ayudaron a mantener la cordura durante un año de locura escribiendo y viajando: Nadia Oehlson, Gilit Abraham, Michael Davis, Mary Abowd, Loren Lybarger, Sarah Levine, Sunny Schwartz, Moira Hinderer, Liz Duffrin, Joanie Friedman, Jon Stoper, Lisa y Dan Sniderman, Lori Baptista, Todd Krichmar, Naomi Schrag, Marv Hoffman, Rosellen Brown, Tamar y Elliot Frolichstein-Appel. Gracias a Sara Aye por ser una increíble compañera en las reflexiones y amiga, ¡y porque se le ocurrió el título del libro en inglés! Mis otros amigos, también fundadores, como Stephanie Schwab, Ginger Malin, Kristen Hoffman Senior y Shelley Prevost son además una fuente constante de inspiración y de apoyo. Gracias también a mis múltiples amigos con hijos pequeños, de primaria y adolescentes, que compartieron sus historias e inspiración.

Los públicos en las escuelas y conferencias por todo el país ofrecieron retroalimentación valiosa sobre estas ideas en distintas etapas. Las preguntas hechas por los miembros del público le dieron forma a este libro y se citan en ocasiones (con distintos nombres). ¡Gracias!

Hay demasiados educadores como para poderlos incluir a todos aquí que han influido en mi forma de pensar en la mentoría de los niños en la era digital, pero quisiera reconocer el trabajo de Jill Maraldo, Jean Robbins, Dave Palzet, Steve Dembo, Carl Hooker, Chip Donohue, Amanda Armstrong y Tamara Kaldor. También le debo mi agradecimiento a David Kleeman, Debra Hafner, Susannah Stern, Alex Pang, Deborah Roffman y los demás expertos que hablaron conmigo de su trabajo mientras escribía este libro. Gracias a Ira Glass y el personal de *This American Life* por su amable permiso para poder citar su programa tan reflexivo e inspirador. Centenares de jóvenes han compartido sus perspicacias conmigo sobre sus perspectivas de crecer en el mundo digital. Espero que este trabajo les haga justicia a sus perspectivas, y no veo la hora de leer lo que escribirán en los años venideros.

Familia, son increíbles, y estoy agradecida con todos ustedes por compartir mi trabajo, apoyar este viaje y llevarse a Harold en distintas aventuras mientras yo trabajaba o viajaba por mis compromisos como conferencista. Los divertidísimos mensajes de mi fabulosa hermana Sarah Heitner son distracciones bienvenidas. Ethan Heitner siempre inspira y apoya, y Antonia House es lo máximo. Estoy tan agradecida con Seth y Glenn Goldman y sus maravillosas familias por nuestra fabulosa familia moderna.

Howard y Lois Heitner y Lenore Weissmann son abuelos increíbles, y también padres solidarios.

Mi más profundo agradecimiento y amor para mi esposo, Dan Weissmann. Gracias por soportar mi calendario de viajes y escritura, por tus sabios consejos editoriales y por apoyarme en todo. Tú y Harold son la luz de mi vida.

BIBLIOGRAFÍA

Bers, Marina Umaschi, *Designing Digital Experiences for Positive Youth Development: From Playpen to Playground,* Nueva York, Oxford University Press, 2012.

boyd, danah, *It's Complicated: The Social Lives of Networked Teens*, Yale University Press, 2015.

Bushak, Lecia, "Why we should all start reading paper books again", *Medical Daily,* 11 de enero de 2015, recuperado el 31 de enero de 2016, http://www.medicaldaily.com/e-books-are-damaging-your-health-why-we-should-all-start-reading-paper-books-again-317212

Carr, Nicholas G., *The Shallows: What the Internet Is Doing to Our Brains*, Nueva York, W.W. Norton, 2010.

Chua, Amy, *Battle Hymn of the Tiger Mother*, Nueva York, Penguin Press, 2011.

Clark, Lynn Schofield, *The Parent App: Understanding Families in the Digital Age*, Nueva York, Oxford University Press, 2013.

Damico, James y Mark Baildon, "Examining ways readers engage with websites during think-aloud sessions", *Journal of Adolescent & Adult Literacy* 51, núm. 33, 2007, pp. 254-263.

Davidson, Cathy, "The myth of monotasking", *Harvard Business Review,* 23 de noviembre de 2011, recuperado el 31 de enero de 2016, https://hbr.org/2011/11/the-myth-of-monotasking

Fagan, Kate, "Madison Holleran's friends share their unfiltered life stories", ESPN, 15 de mayo de 2015, recuperado el 1 de febrero de 2016, http://espn.go.com/espnw/athletes-life/article/12779819/madison-holleran-friends-share-their-unfiltered-life-stories

Gardner, Howard y Katie Davis, *La generación app. Cómo los jóvenes gestionan su identidad, su privacidad y su imaginación en el mundo digital*, Barcelona, Paidós, 2014.

Glass, Ira, "This American Life 573: 'Status Update' Transcript", National Public Radio, 27 de noviembre de 2015, recuperado el 31 de enero de 2016.

Guernsey, Lisa y Michael H. Levine, *Tap, Click, Read: Growing Readers in a World of Screens*, San Francisco, Jossey-Bass, 2015.

Heitner, Devorah, "Positive approaches to digital citizenship", *Discovery Education*, 3 de septiembre de 2015, recuperado el 31 de enero de 2016, http://blog.discoveryeducation.com/blog/2015/09/03/positive-approaches-to-digital-citizenship/

———, "Texting trouble: When minor issues become major problems", *Raising Digital Natives*, 2014, recuperado el 31 de enero de 2016, http://www.raisingdigitalnatives.com/texting-trouble/

———, "When texting goes wrong: Helping kids repair and resolve issues", *Family Online Safety Institute*, 10 de junio de 2014, recuperado el 31 de enero de 2016, https://www.fosi.org/good-digital-parenting/texting-goes-wrong-helping-kids-repair-resolve/#

Homayoun, Ana, "The dark side of teen sleepovers", *The Huffington Post*, 28 de junio de 2014, recuperado el 1 de febrero de 2016, http://www.huffingtonpost.com/ana-homayoun/the-dark-side-of-teen-sle_b_5223620.html

———, *That Crumpled Paper Was Due Last Week: Helping Disorganized and Distracted Boys Succeed in School and Life*, Nueva York, Penguin Group, 2010.

Kleeman, David, "I spy 2016: Five things we're keeping an eye on", *SlideShare*, 11 de enero de 2016, recuperado el 1 de febrero de 2016, http://www.slideshare.net/dubit/ispy-2016-five-things-were-keeping-an-eye-on

———, Entrevista telefónica con la autora, 18 de enero de 2016.

Lanza, Mike, *Playborhood: Turn Your Neighborhood into a Place for Play*, Menlo Park, Free Play Press, 2012.

Lareau, Annette, *Unequal Childhoods: Class, Race, and Family Life*, Berkeley, University of California Press, 2003.

Lathram, Bonnie, Carri Schneider y Tom Vander Ark, *Smart Parents: Parenting for Powerful Learning*, Elfrig Publishing, 2016.

Lenhart, Amanda, Monica Anderson y Aaron Smith, "Teens, technology and romantic relationships", *Pew Research Center*, 1 de octubre de 2015, recuperado el 31 de enero de 2016.

Lewinsky, Monica. Transcripción de conferencia TED, "The price of shame", marzo de 2015, recuperado el 31 de enero de 2016. https://www.ted.com/talks/monica_lewinsky_the_price_of_shame/transcript?language=en

Lieber, Ron, *The Opposite of Spoiled: Raising Kids Who Are Grounded, Generous, and Smart About Money*, Nueva York, Harper, 2015.

Maushart, Susan, *The Winter of Our Disconnect: How Three Totally Wired Teenagers (and a Mother Who Slept with Her iPhone) Pulled the Plug on Their Technology and Lived to Tell the Tale*, Nueva York, Jeremy P. Tarcher/Penguin, 2011.

Meyer, Robinson, "To Remember a Lecture Better, Take Notes by Hand", *Atlantic*, 1 de mayo de 2014.

Owens-Reid, Dannielle, *This Is a Book for Parents of Gay Kids: A Question & Answer Guide to Everyday Life*, Nueva York, Chronicle Books, 2014.

Pang, Alex Soojung-Kim, *The Distraction Addiction: Getting the Information You Need and the Communication You Want without Enraging Your Family, Annoying Your Colleagues, and Destroying Your Soul*, Nueva York, Little, Brown and Company, 2013.

Paul, Annie Murphy, "You'll never learn", *Slate*, 3 de mayo de 2013. Recuperado el 31 de enero de 2016, http://www.slate.com/articles/health_and_science/science/2013/05/multitasking_while_studying_divided_attention_and_technological_gadgets.html

Pierce, Cindy, *Sexploitation: Helping Kids Develop Healthy Sexuality in a Porn-Driven World*, Brookline, Bibliomotion, 2015.

Roffman, Deborah M, *Talk to Me First: Everything You Need to Know to Become Your Kids' Go-to Person About Sex*, Boston, DaCapo Lifelong, 2012.

_____, Entrevista telefónica con la autora, 20 de enero de 2016.

Samuel, Alexandra, "Creating a family social media policy", blog de *Alexandra Samuel*, 26 de mayo de 2011, recuperado el 31 de enero de 2016.

————, "Parents: Reject technology shame", *The Atlantic,* 4 de noviembre de 2015, recuperado el 1 de febrero de 2016, http://www.theatlantic.com/technology/archive/2015/11/whyparents-shouldnt-feel-technology-shame/414163/

Seiter, Ellen, *Television and New Media Audiences*, Oxford, Clarendon Press, 1998.

Senior, Jennifer, *All Joy and No Fun: The Paradox of Modern Parenthood,* Nueva York, Harper Collins, 2015.

Sexy Baby, dirigida por Ronna Gradus y Jill Bauer, 2012.

Simmons, Rachel, *Odd Girl Out: The Hidden Culture of Aggression in Girls*, Nueva York, Harcourt, 2011.

Stern, Susannah, entrevista telefónica con la autora, 22 de enero de 2016.

Turkle, Sherry, *Alone Together: Why We Expect More from Technology and Less from Each Other*, Nueva York, Basic Books, 2012.

Turkle, Sherry, *Reclaiming Conversation*, Nueva York, Penguin Press, 2015.

Wells, Adam, "PSU OL coach drops recruit over tweets", *Bleacher Report,* 30 de julio de 2014, recuperado el 31 de enero de 2016, http://bleacherreport.com/articles/2146596-penn-state-ol-coach-herb-hand-drops-recruit-over-social-media-actions?utm_source=cnn.com